TEOLOGÍA
DEL
CORAZÓN

TONY SEGAR

TEOLOGÍA
DEL
CORAZÓN

TONY SEGAR

ESPAÑOL
BRENTWOOD, TENNESSEE

Índice

v

Prólogo

EL TÉRMINO «TEOLOGÍA», ANTES DE provenir del francés y del latín, encuentra su origen en el griego y significa «un relato de los dioses». En el sentido cristiano, es una plática acerca de Dios. Sin embargo, la teología es una moneda de dos caras: la descripción de Dios y la descripción de lo que Dios describe. Basándose en la definición de John Frame, Carl Ellis explica:

> La mayoría de nosotros piensa en la teología como el estudio de Dios, y de hecho lo es; pero una definición más amplia sería la aplicación de la palabra de Dios a cada área de la vida, y eso incluiría el estudio de Dios.[1]

Y sobre todas las otras cosas de las que Dios habló fuera de sí mismo, se destaca el hombre. La tinta divina no fue gastada en descripciones del inmenso zoológico de la creación, ni en seres superiores como ángeles, arcángeles, serafines o demonios. Salmos 8:4-6 percibe esta incomprensible prioridad:

> Digo: ¿Qué es el hombre, para que tengas de él memoria,
> Y el hijo del hombre, para que lo visites?
> Le has hecho poco menor que los ángeles,
> Y lo coronaste de gloria y de honra.

---

1 Carl F. Ellis Jr., *History and Theology of the African American Church*, Logos Mobile Education (Bellingham, WA: Lexham Press, 2017).

Le hiciste señorear sobre las obras de tus manos;

Todo lo pusiste debajo de sus pies

La Biblia es, entonces, un libro de teología y de antropología divina. Y no solo incluye la descripción del hombre como criatura, sino también su funcionamiento y su experiencia en relación con su Creador y Redentor. De hecho, el libro bíblico con mayor cantidad de capítulos y versículos —Salmos— contiene múltiples retratos de la experiencia del creyente en su interacción con Dios. Y es en este tema donde las obras de teología han gastado poca tinta. Al escribir este libro realicé una búsqueda en una biblioteca de más de 144 000 volúmenes cristianos acerca de «la teología de la experiencia cristiana», con un solo resultado. Intenté también buscar «la doctrina de la experiencia cristiana» e igualmente solo obtuve un resultado.

Con este libro busco, si acaso, remediar dicha escasez. Esta es una modesta contribución a la teología de la experiencia cristiana. Dicho de otra manera: a la teología del funcionamiento del hombre interior. Y, según la Biblia, el epicentro de esta teología se encuentra en el corazón. En el mecanismo interno del hombre, el corazón es el centro de la maquinaria.

Considera la lectura de este libro un espejo y una luz al interior de tu ser. Un vistazo a tu hombre interior como nunca lo has descubierto, iluminado con la luz de Dios, la única capaz de desvelar quién eres «de verdad».

Asimismo, propongo que el estilo de este libro sea diferente al típico tomo de teología. Dentro de la literatura cristiana, los libros de teología y doctrina causan apatía entre muchos lectores por varias razones:

– Se considera a la teología como un tema reservado para los intelectuales de la iglesia. Para al resto es un tema aburrido capaz de curar el insomnio de muchos.

– Mucha teología permanece apartada de la vida práctica y la devoción del cristiano. Muchos teólogos sobresalieron en la erudición, pero fracasaron en la aplicación devocional y práctica, salvo la generación de teólogos puritanos. Es sorprendente que esos grandes intelectos no bastaran para desglosar las ramificaciones pluriprácticas de cada doctrina.

– Ríos de tinta corren sobre temas dogmáticos, mientras que los riachuelos han sido relegados para temas de la práctica y experiencia cristiana. La teología ha sido partida en dos: la dogmática se dicta en el aula del seminario y la práctica desde el púlpito de la iglesia, con la complicación de que muchos temas devocionales y prácticos no exhiben la calidad de estudio de los dogmáticos.

– Muchos libros de teología han sido escritos con lenguaje académico, frío, clínico, poco comprensible y menos devocional; iluminan la mente, pero no calientan el ser.

En este libro me propongo abandonar esta realidad. Me rebelo ante la noción de que la teología está reservada para los intelectuales de la iglesia. Pedro era pescador por oficio, descrito como «iletrado» —según su propio criterio, no el más intelectual (2 Ped. 3:15-16; Hech. 4:13)— pero comienza su primera epístola con un saludo que suena más a teología que a saludo: «A los [...] elegidos según la presciencia de Dios Padre en santificación del Espíritu, para obedecer y ser rociados con la sangre de Jesucristo» (1 Ped. 1:1-2). Consideremos esto: si alguno de nosotros así nos presentáramos, escucharíamos a más de uno decir: «A este se le subió la teología a la cabeza», o lo que a Pablo le dijo Agripa: «Las muchas letras te vuelven loco». Conclusión: la teología es tanto para el «iletrado» como para el «culto».

La teología sin aplicación es algo inventado por los eruditos, no por los apóstoles. No se necesita mucha ciencia para percatarse de que la doctrina presentada en las epístolas se daba en respuesta a situaciones reales que estaban afrontando las iglesias. Los apóstoles escalaban una cuesta doctrinal y en la cima arribaban al «por tanto» que descendía a la solución para la situación específica y la fórmula para desenredar los nudos del corazón. La teología en la Biblia no existe para sí misma: existe para iluminar la mente, transformar el corazón e impulsar la práctica.

Espero que este libro logre esta doble misión: primero, descubrir el tema clave para conocerte a ti mismo como Dios te conoce; segundo, hacerlo de tal manera que sea teología que encienda corazones en la iglesia y no solo ilumine las frías aulas de la erudición.

CAPÍTULO 1

La primacía del corazón

EN LA BIBLIA, LA LECCIÓN acerca del corazón ha sido impartida de diversas maneras. Una de las principales es a través de un extraño —extrañísimo— fenómeno de la providencia de Dios. Se trata de un personaje que vivió, como pocos, a sus anchas. Su vida fue un verdadero enigma de la experiencia cristiana, un lienzo de claroscuros, lleno de bendiciones exóticas y fracasos escandalosos; ¿sabes a quién me refiero? Comencemos con un retrato de su vida.

El escogido espléndido de Dios

Sus jinetes se desplazaban desde Egipto a Jerusalén corriendo en vasto caudal de carrozas tiradas cada una por cuatro espléndidos corceles.[1] Relucían como el rayo, por polvo de oro que danzaba en la crin de sus caballos. Su destino era Jerusalén y un séquito

---

1 Cantares 1:9: «A mi yegua, entre los carros de Faraón, yo te comparo, amada mía» (LBLA).

de ciudades fortificadas; su finalidad, fortificar el arsenal militar más avanzado y temerario de la época, que ostentaba 1400 carros apostados para su defensa.

Su reino ocupaba la mayor extensión que jamás haya alcanzado un soberano de Israel. Era rey entre reyes y rey de reyes. Año tras año, vasallos reales colmaban sus cofres con cientos de talentos de oro y su harén con cientos de mujeres de sangre azul que anhelaban emparentarse con él para alcanzar su protección, a la par que él neutralizaba a enemigos potenciales.

Sus negocios no conocían el fracaso. Su padre fue un general militar que se hizo de muchos reinos a fuerza de espada, y él duplicó la faena en el comercio. Comerció en todo lugar y en toda índole de empresas: en el remoto Mar Rojo (1 Rey. 9:26-28, 10:11ss., 22); con Arabia (1 Rey. 10:1-10, 13); con Egipto (1 Rey. 10:29); con Tiro; con naciones remotas que comerciaban con metales comunes y preciosos,[2] y con animales exóticos (1 Rey. 10:22); con especias, armamento de caballos y carrozas (1 Rey. 10:29); y controlaba las rutas principales del mundo antiguo, pues su reino era la encrucijada que abría acceso a todas las naciones del norte con el sur, del este al oeste (1 Rey. 10:15).

Su fuerza laboral se contaba como un ejército: 30 000 obreros de Israel (1 Rey. 5:13-18), 80 000 cortadores de piedra y 70 000 cargadores esclavos de los pueblos tributarios (2 Crón. 8:7), y obreros fenicios especializados para los acabados de madera del templo y su palacio. Todos bajo 550 superintendentes y 3300 intendentes.

---

2 Su padre había suplido la enorme cantidad de cobre requerida para el templo (1 Rey. 7:45).

Su mesa solo se tendía para banquetes, en vajilla de oro. Mega-producciones culinarias que deleitaron a reyes, vasallos, esposas reales, concubinas, oficiales, cortesanos, guardias. Se calcula que entre invitados y siervos se alimentaban a unos 14 000 comensales. Tomaba a toda una tribu de Israel para suplir solo por un mes el insaciable apetito de su mesa.

Su fortuna era inacabable; opacaba al resto de reyes de la tierra. Un caudal vasto de 666 talentos de oro (2 Crón. 9:22) se vertía a sus cofres año tras año (equivalente a más de seiscientos millones[3] de dólares estadounidenses). Se añadían a esto los impuestos y tarifas de comercio pagados por sus reyes vasallos, y todo cuanto por actividades comerciales incurría en tarifas de derecho de acceso. También lo empalagaba el oro de otros monarcas que imploraban su favor: «... amontoné también plata y oro, y tesoros preciados de reyes y de provincias» (Ecl. 2:8).

Pero falta todavía la otra mitad. No de riquezas, sino de sabiduría. Sabiduría asombrosa, inigualable, prestigiosa, viral en reputación. Despertaba peregrinajes de aficionados remotos deseosos de conseguir audiencia, como la reina de Saba, quien hizo caravana desde lejanas tierras para ver su gloria, escuchar sus discursos y comprobar los rumores acerca de su sabiduría.

Solo una vez se ha dado un hombre como este. Prodigio singular de dotes divinos: riqueza y sabiduría exorbitantes. Salomón fue una maravilla de la historia. Confeccionado por Dios con un propósito que trascendió su historia y estableció verdades sin fecha de caducidad, principios universales, vigentes para toda época.

---

3 La cifra varía un poco según el valor del dólar estadounidense.

Indiscutiblemente, la carta magna de su sabiduría fue el tema de las riquezas. Él nunca las buscó, ni llegaron a él por accidente. Dios se las trajo, tuvo la intención de usarlas para bien, pero lo envolvieron en su decadencia, lo revolcaron y lo apresaron; los grilletes de oro son peores que los de hierro. Pero durante el penoso trayecto es como si Dios dejara la cámara mental de Salomón grabando para capturar en carne viva la amenaza que las riquezas son para el alma.

Salomón hizo un inventario de valores. Así como a Adán se le dio el poner nombre a todo animal, a Salomón se le dio el poner precio a toda posesión debajo del sol. Ante un inventario de pertenencias capaz de satisfacer a la más voraz de las codicias, hizo una evaluación que nos presenta, entre otros escritos, en Proverbios.

Si hubiéramos paseado por sus tesoros, tal vez habríamos colocado la etiqueta del máximo valor en el tesoro que David amasó y destinó para el templo; o tal vez en los majestuosos recubrimientos de oro del santuario; o quizá en los escudos de oro batido que decoraban la casa del bosque; aunque habría quedado mejor en el insólito trono de marfil recubierto de oro,[4] sin paralelo entre los reinos.

Salomón no la colocó ahí. La gran etiqueta terminó fuera de la caja fuerte, alejada del tesoro, sobre una pieza nada ostentosa registrada en uno de sus escritos, Proverbios 4:23:

> Sobre toda cosa guardada, guarda tu corazón; porque
> de él mana la vida.

---

4 En la antigüedad, un trono de marfil era ya de por sí suntuoso; el recubrirlo de oro le daba aún mayor lujo, un sentir parecido a lo que se describe de la época en que la plata no se consideraba mucho.

Quién habría de suponer que su corazón era la prenda más preciada, el tesoro más custodiado de sus riquezas.

Es cierto que «no todo lo que brilla es oro». Salomón experimentó el oscuro vacío en el reverso de la moneda de las riquezas. Comprendió las palabras de Jesús: «La vida del hombre no consiste en la abundancia de los bienes que posee» (Luc. 12:15). Y confirmó esto desde experiencias opuestas: cuando su entereza espiritual le hacía ver sus riquezas desinteresadamente; y desde su decadencia, cuando su satisfacción fue tan deseada como inalcanzable. Trágicamente, terminó dando todo por lo que no vale nada. La etiqueta sobre las riquezas lleva un gran precio, pero tiene un nulo valor.

Lector, no son muchos los ricos que creen en la Biblia, pues, en la banda de Dios, no hay muchos sabios y nobles (1 Cor. 1:26). Salomón es para nosotros un modelo único, colmo de la sabiduría y de las riquezas de su época, el maestro por excelencia tanto del beneficio como del maleficio de las riquezas.

El origen del valor del corazón

Este proverbio acerca del valor del corazón no es un refrán hueco; juega un papel vital en nuestra vida. Se describe como el cofre en donde la sabiduría se almacena y desde donde se reparte. La sabiduría no consiste en datos que llenan las neuronas. Comienza por la mente, pero termina en el corazón; su fin no es la información, sino la transformación que infunde salud. Y del corazón saludable (sabio) emana vitalidad que luego fluye a todo rincón de nuestra vida. De hecho, Salomón se vale de la metáfora del cuerpo para explicar las dos realidades: «Porque **son vida a los que las hallan, y medicina a todo su cuerpo**» (Prov. 4:22, énfasis añadido). Y: «Sobre toda cosa guardada, guarda tu corazón; **porque de él mana la vida**» (Prov. 4:23, énfasis añadido). De acuerdo con esto, la calidad de vida no depende de las circunstancias o la suerte, sino del estado del corazón. El corazón desatendido concibe corrupción y decadencia; no genera vida, aunque sí la degenera; mientras que el corazón lleno de sabiduría es una fuente de vida, vitalidad, vivacidad, longevidad. Una verdad ilustrada por Jesús como «ríos de agua viva» al describir un corazón habitado por el Espíritu (Juan 7:38).

Aplicación

No se debe subestimar el valor de esta verdad en la crianza de los hijos. Dios ha estampado en cada uno una personalidad, temperamento, facultades e inclinaciones diferentes que, como una medicina de liberación retardada, definirán mucho de lo que llegarán a ser. La tarea de los padres es inculcar y cultivar sus corazones para que lo que Dios ha puesto en ellos opere a su máximo potencial.

Es por la trascendencia del corazón que resulta crítico guardarlo; máxime cuando su cuidado no es una rutina sencilla sino un quehacer intenso. El corazón no viene de fábrica con un interruptor de «limpieza automática». El cuidado del corazón es un acto deliberado y esforzado; no se logra con indiferencia, ni con esfuerzos pusilánimes; es el gran desafío de todo creyente. Pocos lo logran y muchos fracasan. El mismo Salomón, autor del consejo, fracasó.

¡Qué ironía! El cardiólogo terminó con el corazón enfermo. El remedio que él preparó para otros, él lo dejó de tomar. Salomón recetó la mirada recta de los ojos, pero él fue títere de las distracciones; recetó precaución con la mujer cautivadora (Prov. 6:25), pero fue seducido por cientos de ellas que se dieron turno con él; recetó el más estricto apego a los mandamientos de Dios (Prov. 10:8), pero uno a uno se apartó de ellos. Dios advirtió en Deuteronomio acerca de Egipto: «No regresarás otra vez por ese camino», mas él quiso hacerse de las carrozas egipcias, armamento de superpotencia. Asimismo, el mismo texto prohíbe a los reyes hacerse de muchas mujeres «para que su corazón no se desvíe», pero en este aspecto superó a todo hombre.

Todo esto debe encender nuestras alarmas. Debemos tomar mucho cuidado en guardar el corazón, por su trascendencia y por la dificultad de la misión. El estudio en el que nos embarcamos, por ende, no debe ser uno de teología cerebral, clínica, árida, pues abundan «sabiondos» de mente, de corazón necio. Debe ser uno de intensa reflexión y aplicación a la vida cotidiana. Requiere ponderación, aplicación interna y práctica externa.

CAPÍTULO 2

El corazón y la antropología bíblica

SALOMÓN NO ESTABA PRESENTANDO UNA idea filosófica innovadora en la disertación del corazón, sino que estaba basándose en el estudio y la reflexión de los libros del Pentateuco y los Salmos de David, su padre, que eran considerados la Biblia de la época. Tampoco se trataba de un pensamiento devocional como los que se encuentran en las tarjetas de felicitación comerciales. Al tomar el pulso a estos libros, el concepto del corazón palpita como una doctrina teológica acerca del hombre; es decir, de antropología divina.

Así como la palabra «teología» nos habla del estudio de Dios, la palabra «antropología» nos habla del estudio del hombre y el núcleo de este es el corazón.

Como estudiaremos a continuación, el corazón es el epicentro del hombre, la clave para comprenderlo, el enchufe que lo conecta a la corriente espiritual, la antena que lo capacita para sintonizar con el reino de Dios, el campo en donde se da cita con su Creador.

Explorar la complejidad de la naturaleza del corazón en la Biblia será igual que reflejarnos en el espejo divino, para descubrir grandes verdades sobre nosotros mismos y nuevas maneras de relacionarnos con Dios como jamás antes habíamos imaginado.

Recuerdo cuando estaba empezando mi vida cristiana, escuché el testimonio de una amiga. Ella explicó su experiencia de conversión describiendo el efecto que la Palabra de Dios había tenido cuando la escuchó por primera vez:

«Cuando me leyeron la Biblia dejé de verme con mis ojos, y por primera vez comprendí cómo Dios me veía».

Esta experiencia no es única de la conversión, ocurre cada vez que Dios nos revela más de Su Palabra. ¡Increíble pero cierto! Job fue descrito como el hombre más justo sobre la tierra en su época, pero cuando Dios le habló y le reveló más, confesó:

«De oídas te había oído; Mas ahora mis ojos te ven. Por tanto me aborrezco, y me arrepiento en polvo y ceniza» (Job 42:5-6). Una mirada en el espejo de Su Palabra es capaz de revelar todo un universo dentro de nosotros que antes nos era desconocido. Comencemos entonces nuestro estudio.

El lugar del corazón en la creación del hombre

• *La cuna privilegiada del hombre*

Antes de analizar el corazón, debemos comenzar por donde Dios comenzó: la creación. El clímax de la creación fue reservado para el hombre.[1] Su creación en Génesis no es una nota a pie

---

1 Uso «hombre» para representar al ser humano más que al «varón». La imagen de Dios consiste en «varón y hembra».

de página, sino el relato central. El resto de los actos creativos se encuentra gravitando alrededor de la creación del hombre, el acto creativo magistral.

Tras cada despliegue creativo, la crónica hace una pausa con las expresiones «y dijo Dios», «luego dijo Dios», «dijo también Dios». La secuencia se rompe en el capítulo uno, versículo veintiséis, con un redoble, preámbulo de la creación de la pieza central asentada en el culmen de la creación: su nombre es Adán.

Adán ostenta de forma peculiar la imagen de Dios, por lo que es coronado con los mayores dotes y la posición prominente entre el resto de la creación. Esto le confiere dominio sobre todo lo demás. Su posición corresponde a sus facultades superiores, sus poderes racionales (Sal. 32:9), su conciencia moral y su capacidad de determinación. Se distingue como la supercriatura, vicegerente de Dios en la tierra, llamado a «enseñorear sobre las obras de tus manos» (Sal. 8:6). Entre todas las criaturas, el hombre tiene la más avanzada capacidad de comunicación y la facultad sublime de comunicarse con su creador.

• La disección del hombre interior

Cuando era niño, escuché la expresión coloquial «carne y hueso, y un pedazo de pescuezo» para referirse al ser humano. Aunque es graciosa, es incorrecta. Según la Escritura, el hombre no es un ser compuesto de partes como un robot; se enfatiza su unidad. Cuando Dios sopla el «aliento de vida» en Adán al principio, se lo describe como un «alma viviente». El término «alma» (*nepesh* en hebreo) abarca tanto al hombre interior como al exterior, y por eso en varias Biblias se traduce como «ser viviente».

Cuando la Escritura alude a las diferentes facultades internas lo hace para distinguir diversas funciones; no disecciona, a manera de cirujano, la anatomía del hombre interior. El significado de los términos utilizados para describir la psicología bíblica no es técnico y definitivo, sino que cambia dependiendo del contexto en el que se usen. Este es un principio de interpretación que no se puede ignorar. Cuando decimos «se puso el sol», entendemos que esto se refiere a la desaparición del sol detrás del horizonte debido a la rotación de la Tierra sobre su eje y a su órbita alrededor del sol. Esta expresión es comúnmente utilizada y no se considera contraria a la ciencia. De la misma manera, al abordar las descripciones bíblicas, debemos evitar imponer interpretaciones modernas y en cambio considerar cómo se entendían estos términos en la época en la que fueron escritos.

Ahora bien, existen muchos términos que se refieren al hombre interior. Algunos de ellos nos parecerán inusuales. Veámoslos.

• Los diversos términos

Riñones כִּלְיָה (*kilyah*)

El término para riñones, כִּלְיָה *kilyah*, es utilizado en varios contextos para describir cualidades internas. En Proverbios 23:16, La Biblia de las Américas (LBLA) traduce: «Y se regocijarán mis **entrañas** cuando tus labios hablen lo que es recto». El pie de nota señala que «entrañas» es literalmente «riñones». Algunas veces este término se usa para describir el centro de las emociones o del ser y es utilizado como sinónimo de corazón. Jeremías describe la hipocresía de los impíos que tienen a Dios en su boca pero no en su interior con este mismo término, traducido por la LBLA como «corazón»:

«Tú los plantas, y echan raíces; crecen, dan fruto. Cerca estás tú de sus labios, pero lejos de su corazón (-פִּלְיָה *kilyah*)» (Jer. 12:2). Un estudio más detallado revela que, aunque los riñones se asocien a las emociones, deben ser tomados como la extensión del corazón para abarcar la totalidad del ser interior. Tres veces en Jeremías se dice que Dios prueba el corazón y los riñones: «Pero, oh Jehová de los ejércitos, que juzgas con justicia, que escudriñas la mente (riñón) y el corazón, vea yo tu venganza de ellos...» (Jer. 11:20). Según el Diccionario Teológico del Antiguo Testamento, la diferencia versa en que:

> El corazón [está] en la cavidad torácica por encima del diafragma y los riñones que representan la cavidad abdominal que se extiende por debajo del diafragma. Además, esta expresión combina los sentimientos más profundos de la vida emocional, concebidos como localizados en los riñones, con los pensamientos del "corazón" (*lēḇ*), en la mayoría de los casos asociados más a las facultades racionales. Ambos juntos representan a la totalidad de la persona.[2]

Con todo, como aprenderemos más adelante, muchas veces se asocia al corazón con las emociones humanas.

Los huesos עֶצֶם (*ĕ·ṣĕm*)

Asimismo, los huesos son utilizados en ocasiones para describir la totalidad del ser: «Sus nobles fueron más puros que la nieve, más

---

2 G. Johannes Botterweck, Heinz–Josef Fabry y Helmer Ringgren, ed., *Theological Dictionary of the Old Testament* (Grand Rapids, MI: Eerdmans, 1977–2012), 18.

blancos que la leche; más rubios eran sus **cuerpos** que el coral, su talle más hermoso que el zafiro. Oscuro más que la negrura es su aspecto; no los conocen por las calles; su piel está pegada a sus **huesos**, seca como un palo» (Lam. 4:7-8). Ambas palabras en negrita se traducen como עֶצֶם *ʽè·ṣĕm*.

Entrañas קֶרֶב (*quereb*)

Principalmente traducido «medio», de «en medio», es también traducido como entrañas o intestinos, e igualmente llega a ser utilizado para abarcar la vida interna como «corazón»: «Solamente consultan para arrojarle de su grandeza. Aman la mentira; con su boca bendicen, pero maldicen en su corazón (*quereb*)» (Sal. 62:4).

Cuerpo בָּשָׂר (*basar*)

Es un término que principalmente se traduce «cuerpo» o «carne»; también en ocasiones se utiliza para «ser»: «Dijo, pues, Dios a Noé: He decidido el fin de todo ser (*basar*), porque la tierra está llena de violencia a causa de ellos; y he aquí que yo los destruiré con la tierra» (Gén. 6:13).[3]

Los términos principales

Los tres términos que más frecuentemente describen la vida son alma, espíritu y corazón.

---

3 La metáfora sobre los riñones se utilizaba para hacer referencia a la vida interna, ya que se asociaban, incorrectamente, a las funciones reproductivas. Así, el corazón, al ser la fuente de vida física, es la metáfora ideal para la vida interna.

Nephesh נֶפֶשׁ

Aunque es traducido de diversas maneras, «alma» es el predominante. El alma incluye la totalidad del hombre y por esto una buena traducción de *nephesh* es «ser» o «persona». *Nephesh* se refiere a la «existencia del ser humano», por esto su rango semántico circula entre los términos «vida», «persona», «ser», «el yo». Dado que tanto el hombre como las criaturas comparten la existencia, *nephesh* también es utilizado para toda clase de criatura (Gén. 1:24).

Hay que señalar que, así como los términos físicos (riñones, huesos, entrañas) tienen que ver con descripciones inmateriales del ser, los términos del hombre interior también pueden hacer referencia a aspectos materiales: *nephesh* es utilizado metafóricamente para describir la garganta: «Por tanto el Seol ha ensanchado su garganta y ha abierto sin medida su boca» (Isa. 5:14, LBLA).

Ruach רוּחַ

En Génesis capítulo 45 se utiliza este término por primera vez para describir al espíritu humano: «Y viendo Jacob los carros que José enviaba para llevarlo, su espíritu revivió» (Gén. 45:27). *Ruach* acentúa el principio vitalizador que proviene de Dios. Hans Walter Wolff cataloga este término como un vocablo teoantropológico (la mayoría de las veces utilizado para referirse a Dios). El hombre es un *nephesh* espiritualmente vitalizado. A manera de hablar, *ruach* es el voltaje que genera la dinámica del alma. John Cooper amplía este concepto:

> *Ruach* no es un alma sustancial inmaterial, sino una fuerza vital, el poder de la vida. No se genera por la organización corporal en sí, sino que es conferida

externamente al organismo por Dios. Pero el *ruach* en los seres humanos no es simplemente energía biológica, sino que permite a los seres humanos hacer lo que fueron creados para hacer. Nuestros poderes ordinarios de pensamiento, voluntad y respuesta a Dios están energizados por el don del *ruach*.

Recientemente, tuve la oportunidad de estar presente cuando mi suegro falleció. Al mirar su cadáver, lo primero que pensé fue: «Ya no está aquí». Me impresionó ver la diferencia en su cuerpo sin su *ruach*. No quedó ni una gota de la vida que solía animar su cuerpo y vitalizar su personalidad. Nuestra existencia no es solo biología, es también teología; tal como lo afirma Santiago, el cuerpo sin espíritu está muerto.

Aunque, tal como se ha afirmado anteriormente, estos términos no son técnicos o herméticos; espíritu y alma **en ocasiones** aparecen como conceptos paralelos: «Con mi alma te he deseado en la noche, y en tanto que me dure el espíritu dentro de mí, madrugaré a buscarte» (Isa. 26:9).

Por cierto, uno de los usos importantes de espíritu es cuando se contrasta lo externo e interno (carne y espíritu), pues, aunque la Biblia concibe al hombre en su totalidad, también traza distinciones entre su interior y su exterior, y, sobre todo, distingue lo que es movido por la suficiencia humana (carne) y lo que es movido por Dios (espíritu).

Leb לֵב y Lebab לֵבָב

Sin duda alguna, el término central para describir la parte interna e inmaterial del hombre es «el corazón». La palabra más importante en el vocabulario de la antropología del Antiguo Testamento se traduce generalmente como «corazón». En esto coinciden muchos lingüistas. Cito:

«El corazón ocupa un puesto especial como el término antropológico más común (850 casos). Aunque se ubica con exactitud, denota la totalidad de su valía interna».[4]

En sus significados abstractos, "corazón" se convirtió en el término bíblico más rico para la descripción de la totalidad de la naturaleza interna o inmaterial del hombre. En la literatura bíblica, es el término más utilizado para las funciones de la personalidad inmaterial del hombre, así como el término más inclusivo para ellos, ya que, en la Biblia, prácticamente todas las funciones inmateriales del hombre se atribuyen al "corazón".[5]

Delitzsch, en referencia a la confluencia de la vida corporal, psicológico-espiritual y moral del hombre, afirma:

De acuerdo con la investigación exhaustiva y la evidencia de la Escritura en todas sus partes, el corazón es el centro más interno de la condición natural del hombre, en el que la triple vida del hombre se mezcla.[6]

---

4 Gerhard Kittel, Gerhard Friedrich, y Geoffrey W. Bromiley, *Compendio del diccionario teológico del Nuevo Testamento* (Grand Rapids, MI: Libros Desafío, 2002), 1330-1331.

5 Andrew Bowling, *Theological Wordbook of the Old Testament* (Chicago: Moody Press, 1999), 466.

6 Franz Delitzsch, *A System of Biblical Psychology* (Chicago: T&T Clark, 1885), 292.

De todos los términos estudiados, el corazón es el que más se refiere al hombre y no se utiliza para otras criaturas excepto cuando se compara con el corazón del hombre (2 Sam. 17:10; Os. 7:11). Y si bien es usado algunas veces para aspectos anatómicos —«¡Mis entrañas, mis entrañas! Me duelen las fibras de mi corazón; mi corazón se agita dentro de mí; no callaré; porque sonido de trompeta has oído, oh alma mía, pregón de guerra» (Jer. 4:19)—, no obstante, su uso en la Escritura es más teológico que fisiológico.

El corazón es el epicentro del hombre interior, de donde emanan las diversas funciones de la persona, que confirman lo que Salomón describe: de él mana la vida. Aunque varias veces se usa intercambiablemente con *nephesh*[7] נֶפֶשׁ y algunas más con *ruach*, existe una distinción: mientras que *nephesh* habla de la persona, el corazón habla de la personalidad; mientras que en el alma palpita la existencia, en el corazón se conduce la vida. Más allá de la vitalidad de la vida física de *ruach, leb* habla de la vida, tan

---

7 *Nepesh* se traduce predominantemente «alma»; *leb*, «corazón»; y *ruach*, «espíritu». En ocasiones, los términos se usan intercambiablemente. En la Reina Valera 1960, en Salmo 73:21 *leb* es traducido «alma» cuando normalmente es la traducción de *nepesh*: «Se llenó de amargura mi alma, y en mi corazón sentía punzadas». *Ruach* en Proverbios 18:14 se traduce «ánimo» al igual que en Jueces 18:25 *nepesh* se traduce «animo». *Nepesh* se traduce «vida» en Génesis 1:30 y *ruach* se traduce «espíritu de vida» en Génesis 7:15. En Daniel 5:21 *leb* se traduce «mente»; en Ezequiel 11:5 *ruach* se traduce «mente» según se encuentra en la Biblia Textual. Asimismo, en ocasiones estos términos se combinan, sugiriendo paralelismos. Aquí un par de ejemplos: «Y tú hablarás a todos los sabios de corazón (*leb*), a quienes yo he llenado de espíritu (*ruach*) de sabiduría, para que hagan las vestiduras de Aarón, para consagrarle para que sea mi sacerdote» (Ex. 28:3). «Mas si desde allí buscares a Jehová tu Dios, lo hallarás, si lo buscares de todo tu corazón (*leb*) y de toda tu alma (*nepesh*)» (Deut. 4:29).

cualitativa, tan llena de atributos que destacan al hombre del resto de las demás criaturas. Pedersen lo explica así:

> El נֶפֶשׁ es el alma en la suma de su totalidad en su manifestación, mientras que el corazón es el alma en su valor interior.[8]

Se puede afirmar que las facultades más elevadas de la imagen de Dios emanan del corazón. De hecho, en la Escritura el corazón es el lugar donde Dios y el hombre se dan cita para comulgar. Así lo constata 1 Samuel 16:7: «... porque Jehová no mira lo que mira el hombre; pues el hombre mira lo que está delante de sus ojos, pero Jehová mira el corazón».

Las múltiples facultades del corazón

La preeminencia del corazón luce diáfanamente al contemplar la naturaleza polifacética del término *leb* en la Escritura. Al igual que el corazón físico, el corazón espiritual está entretejido en el espectro completo de la vida interna del hombre. Walther Eichroth afirma:

> Cada estudio de la lingüística ha demostrado que casi no existe un proceso espiritual que no esté relacionado con el corazón. Es el órgano por igual de los

---

8 F. H. v. Meyenfeldt, *Het hart (leb, lebab) in her OT* (1950), Pedersen, op. cit. (n. 53), I–II, 104. Gerhard Kittel, Geoffrey William Bromiley y Gerhard Friedrich, *Theological Dictionary of the Old Testament* (Grand Rapids, MI: Eerdmans, 1964).

sentimientos, actividades intelectuales y la obra de la voluntad.[9]

Es tiempo de mirar la evidencia bíblica comenzando por el pensamiento.

• *El corazón y la mente*

En el Antiguo Testamento, el pensamiento no se lleva a cabo en la mente sino en el corazón. En Génesis 6:5 encontramos: «Jehová vio que la maldad de los hombres era mucha en la tierra, y que todo designio de **los pensamientos del corazón** de ellos era de continuo solamente el mal» (énfasis añadido). Deuteronomio 15:9-10 advierte que no tengas «en tu **corazón pensamiento** perverso, diciendo: Cerca está el año séptimo, el de la remisión, y mires con malos ojos a tu hermano menesteroso...» (énfasis añadido). Encontraremos, por ende, que en el Antiguo Testamento no existe una palabra exclusiva para la mente; sus funciones parten del corazón.[10]

La cultura judía relacionaba el entendimiento con el corazón; así se encuentra en la literatura pseudográfica:

> Vi en sueños lo que diré ahora con lengua de carne y
> con el aliento de mi boca: lo que el Grande ha dado
> a los hombres para conversar con él y entender con el
> corazón.[11]

---

9 Walther Eichroth, *Theology of the Old Testament, Volumes One & Two* (Westminster, 1961–1967), 142.

10 De los muchos otros ejemplos que se pueden aludir de este uso del corazón, citaré solamente Dan. 5:21.

11 Robert Henry Charles y W. O. E. Oesterley, *The Book of Enoch* (SPCK, 1917), Enoch 14:21.

Aun el Nuevo Testamento, con el amplio vocabulario griego que cuenta con vocablos específicos para «mente», continúa dando la misma función cognitiva al corazón. En Mateo 9:4, Jesús recorre la cortina de la mente para delatar el perverso corazón que hay detrás de los pensamientos: «Y conociendo Jesús los pensamientos de ellos, dijo: ¿Por qué pensáis mal en vuestros corazones?». Jesús atribuye funciones cognitivas al corazón.

Las reflexiones, el repaso mental e internalizado sobre diversas situaciones, están también ligadas al corazón. Nos dice el Evangelio de Lucas que María percibía: «... guardaba todas estas cosas en su corazón» (Luc. 2:19).

Dígase de paso que cuando hoy se dice «no pienses con tu mente sino con tu corazón» no es igual a lo que se entendía en tiempos bíblicos. Expresiones como esta dan a entender que debemos pensar con nuestros sentimientos y no solo con la razón (1 Sam. 1:8; 1 Crón. 28:9; Sal. 33:11; Prov. 23:7, etc.). Esto abunda en las letras de canciones de actualidad, como la letra de «Follow Your Heart», de Andy Grammer:

No siempre se puede confiar en la razón
Puesto que es fácilmente desviada
Es hora de confiar en la voz interior
Que nunca se aleja
Así que sigue tu corazón
No permitas que nadie te derrumbe
Sigue tu corazón
Debes confiar en ti mismo y en tu propio sonido
Es sencillo caer en el ruido
Cuando todos intentan ser escuchados

Pero si prestas atención a la voz interior
Encontrarás la verdad y las palabras
Así que sigue tu corazón
No permitas que nadie te derrumbe
Sigue tu corazón
Debes confiar en ti mismo y en tu propio sonido.

Pensar con el corazón en los tiempos bíblicos no significaba tomar decisiones en base a las emociones exentando a la razón, sino que la mente estaba inextricablemente integrada al corazón.

Pero aún abarca más...

El corazón y la voluntad

La voluntad, el determinador y motor de nuestras decisiones y motor de nuestras intenciones, también se ubica en el corazón: «Daniel propuso en su corazón no contaminarse con la porción de la comida del rey...» (Dan. 1:8). Pablo asimismo localiza las facultades de la voluntad en el corazón: «Pero el que está firme en su corazón, sin tener necesidad, sino que es dueño de su propia voluntad, y ha resuelto en su corazón guardar a su hija virgen, bien hace» (1 Cor. 7:37-38).

El corazón y las intenciones

Se puede decir que las intenciones externamente vistas representan el primer paso en la dirección que la voluntad se dispone a seguir. La contraparte interna son los móviles del corazón que impulsan nuestras acciones. Ambos se gestan en el corazón: «Y

Moisés llamó a Bezaleel y a Aholiab y a todo varón sabio de corazón, en cuyo corazón había puesto Jehová sabiduría, todo hombre a quien su corazón le movió a venir a la obra para trabajar en ella» (Ex. 36:2). Asimismo, cuando David revela sus intenciones a Salomón: «Y dijo David a Salomón: Hijo mío, en mi corazón tuve el edificar templo al nombre de Jehová mi Dios» (1 Cron. 22:7). Cuando el salmista pide que Dios bendiga a otros muestra el corazón como la sede de sus intenciones. «Te dé conforme al deseo de tu corazón, y cumpla todo tu consejo» (Sal. 20:4).

Lo mismo con los móviles: «Y percibió Jehová olor grato; y dijo Jehová en su corazón: No volveré más a maldecir la tierra por causa del hombre; porque el intento del corazón del hombre es malo desde su juventud; ni volveré más a destruir todo ser viviente, como he hecho» (Gen. 8:21).

¿Y qué hay de nuestras emociones?

El corazón y las emociones

Las emociones no son todo, ni lo único que abarca el corazón, como se piensa hoy. El corazón juega un papel central en ellas, pues es tanto el sensor que registra las impresiones externas y las traduce a experiencias (emociones), como el emisor de los sentimientos que expresan nuestras experiencias internas. La Escritura asocia un amplio repertorio de emociones al corazón.

• La alegría

Tanto la alegría mundana de los filisteos —«Y aconteció que cuando sintieron alegría en su corazón...» (Jue. 16:25)—, como la alegría espiritual: «Por lo cual mi corazón se alegró, y se gozó mi lengua, y aun mi carne descansará en esperanza» (Hech. 2:26).

• *La tristeza*

La tristeza, contraparte de la alegría: «... ¿y por qué está afligido tu corazón?» (1 Sam. 1:8). «Cada uno dé como propuso en su corazón: no con tristeza, ni por necesidad, porque Dios ama al dador alegre» (2 Cor. 9:7).

• *La angustia*

«Porque por la mucha tribulación y angustia del corazón os escribí con muchas lágrimas, no para que fueseis contristados, sino para que supieseis cuán grande es el amor que os tengo» (2 Cor. 2:4).

• *El temor*

El temor: «Y cuando llegó, he aquí que Elí estaba sentado en una silla vigilando junto al camino, porque su corazón estaba temblando por causa del arca de Dios» (1 Sam. 4:13). Jesús alivia los temores de los discípulos hablando a su corazón: «No se turbe vuestro corazón...» (Juan 14:1). Esta es la misma palabra que describe el temor intenso que los discípulos sentían cuando vieron a Jesús caminando sobre el agua y creyeron que era un fantasma.

• *El amor*

El amor, una de las gracias descritas en el N.T. como central, encuentra su sede en el corazón: «Y el Señor encamine vuestros corazones al amor de Dios, y a la paciencia de Cristo» (2 Tes. 3:5). De forma similar, en el A.T. el amor se describe como un apego de corazón entre Sansón y Dalila: «¿Cómo dices: Yo te amo, cuando tu corazón no está conmigo? Ya me has engañado tres veces, y no me has descubierto aún en qué consiste tu gran fuerza» (Jue. 16:15).

El afecto, una dimensión del amor, es asimismo algo que se lleva en el corazón: «No lo digo para condenarlos; pues ya he dicho antes que estáis en nuestro corazón, para morir y para vivir juntamente» (2 Cor. 7:3).

• *El ánimo*

El ánimo, el compendio sentimental que define nuestra actitud, reside en el corazón: «Edificamos, pues, el muro, y toda la muralla fue terminada hasta la mitad de su altura, porque el pueblo tuvo ánimo [*leb*, corazón en hebreo] para trabajar» (Neh. 4:6).

En resumen, toda facultad interna se ubica en el corazón: «El corazón es el órgano de todo el pensamiento toda la voluntad y de todo sentir».[12]

El corazón y la conciencia

En el hebreo bíblico no existía una palabra específica para conciencia, pues el corazón asumía esa función: «Mi justicia tengo asida, y no la cederé; no me reprochará mi corazón en todos mis días» (Job 27:6), versículo que la NVI traduce: «Insistiré en mi inocencia; no cederé. Mientras viva, no me remuerde la conciencia». O como en 2 Samuel 24:10, donde la actividad de la conciencia se describe como «peso en el corazón». Asimismo, la conciencia de

---

12 M. Scott Fletcher, *The Psychology of the New Testament* (Hodder and Stoughton, 1912), 74.

culpabilidad del corazón está implícita en la acusación de Salomón a Simeí: «Tú sabes todo el mal, el cual tu corazón bien sabe, que cometiste contra mi padre David; Jehová, pues, ha hecho volver el mal sobre tu cabeza» (1 Rey. 2:44).

En suma: toda facultad interna está integrada al corazón. Este es el centro y el perímetro del hombre interior. Bien lo afirmó Oswald Chambers en su teología:

> Según la Biblia el corazón es el centro: el centro de la vida física, el centro de la misericordia, el centro de la condenación y la salvación, el centro de trabajo de Dios y el centro del diablo, el centro de trabajo, desde donde funciona lo que moldea el mecanismo humano.[13]

La supremacía del corazón en la literatura del N.T.

Recién llego de un viaje a México y me admiro del crecimiento de anglicismos en nuestro idioma: «Voy al gym a diario», «no lo pudimos publicar por asuntos de copyright», «traje de lunch un sándwich». Ya sea por comodidad o porque hemos adoptado nuevas tecnologías que no existen en nuestro país, siempre estamos incorporando nuevas formas de expresarnos.

Esto también ocurrió en la antigüedad con los judíos, quienes, debido a la influencia del helenismo, aprendieron griego, un idioma que, sin duda, era más amplio. Flavio Josefo describió al griego como «el idioma más refinado y el más apto para expresar todas las ideas y

---

13 Oswald Chambers, *Biblical Psychology: A Treasure Chest for Christian Counselors* (Londres: Simpkin Marshall, 1996).

pensamientos».[14] En la época del Nuevo Testamento, el griego contaba con un léxico mucho más amplio para la psicología humana que el hebreo.

Dentro de los escritores del Nuevo Testamento, Pablo fue el más innovador al adoptar usos más específicos, derivados seguramente de la variedad de vocablos que la Septuaginta utilizó para traducir el vocablo hebreo *leb*. Scott Fletcher señala: «Los pensadores griegos habían exaltado la razón como el poder más elevado en los hombres para alcanzar tanto la verdad como la virtud. Para ellos, el órgano de toda reflexión y juicio moral era la mente en el sentido más estricto de la palabra: el *nous* o la comprensión. El término *nous* se usaba en todas las escuelas helenísticas de pensamiento, y Pablo también estaba familiarizado con él debido a su aparición en la versión griega del Antiguo Testamento que utilizaba, donde se utiliza como traducción de la palabra hebrea para corazón, *leb* o *lebab*, unas seis veces en la Septuaginta. El apóstol sabía lo mucho que los griegos valoraban el *nous* o la comprensión, y también sabía por experiencia tanto su poder como su debilidad como facultad especial de la mente, y por eso lo incluye en su vocabulario psicológico y lo utiliza junto con otros términos afines».[15]

Algunas muestras de la ampliación léxica de términos griegos equivalentes a *leb* (corazón en hebreo) en la Septuaginta son:

καρδία, corazón: Gén. 6:5; Ex. 4:21.

νοῦς, mente: Ex. 7:23; Isa. 41:22.

Διάνοια, inteligencia: Gén. 8:21.

Ψυχή, alma: 2 Rey. 6:11; Isa. 24:7.

---

14 Josephus, *The Life. Against Apions* (Cambridge, MA: Harvard University Press, 1926).

15 M. Scott Fletcher, *The Psychology of the New Testament* (Hodder and Stoughton, 1912), 91.

Σοφία, habilidad: Ex. 36:2.

εὐφροσύνη, gozo: Isa. 65:14.

En la soberanía de Dios, la influencia lingüística helena fue trascendental. El griego fue un aporte decisivo para describir la experiencia espiritual individual del creyente, que en la época del nuevo pacto es más detallada. Los autores del Nuevo Testamento aprovecharon este léxico en el tintero de sus escritos.

Así tenemos que las actividades morales, de facultad de juicio ético, anteriormente descritas con el vocablo hebreo para corazón (*leb*), son ahora descritas con el término específico de conciencia, συνείδησις, cambio que proviene del uso de la versión griega de la Septuaginta, donde en versículos como Job 27:6 el término para «corazón», καρδία, es sustituido por συνείδησις, «conciencia». La traducción del hebreo de «no me reprochará mi corazón en todos mis días» se traduce en la Septuaginta como «pues de mi parte, no soy **consciente** (σύνοιδα) de haber hecho mal» (énfasis añadido).

Es importante hacer hincapié en que, aunque el vocabulario utilizado para describir las funciones del corazón se ha multiplicado, no obstante, **el concepto teológico del corazón se ha mantenido intacto.** De ahí que, en el Nuevo Testamento, junto con los nuevos términos de las facultades específicas del corazón encontramos también alusiones al corazón con el **exacto concepto** antropológico que se presenta en el Antiguo Testamento.

El léxico para comunicar las facultades del corazón se multiplicó en el Nuevo Testamento. No obstante, el concepto teológico del corazón se mantuvo íntegro.

En la epístola de Hebreos, por ejemplo, la limpieza de **la conciencia** ocurre con la purificación del corazón: «Acerquémonos con corazón sincero, en plena certidumbre de fe, purificados los corazones de mala conciencia, y lavados los cuerpos con agua pura» (Heb. 10:22).

Los deseos y las pasiones se describen con varios términos como ἐπιθυμία o εὐδοκία pero continúan brotando del corazón: «Hermanos, ciertamente el anhelo de mi corazón, y mi oración a Dios por Israel, es para salvación» (Rom. 10:1).

La mente, ahora descrita por los vocablos διάνοια y νοῦς, sigue no obstante entrañada en el corazón: «Porque el corazón de este pueblo se ha engrosado, y con los oídos oyen pesadamente, y han cerrado sus ojos; para que no vean con los ojos, y oigan con los oídos, y con el corazón entiendan, y se conviertan, y yo los sane» (Mat. 13:15); «arrepiéntete, pues, de esta tu maldad, y ruega a Dios, si quizá te sea perdonado el pensamiento de tu corazón» (Hech. 8:22).

Las intenciones o deliberaciones de la voluntad descritas mediante el término ἔννοια siguen ligadas al corazón en el Nuevo Testamento: «Porque la palabra de Dios es viva y eficaz, y más cortante que toda espada de dos filos; y penetra hasta partir el alma y el espíritu, las coyunturas y los tuétanos, y discierne los pensamientos y las intenciones del corazón» (Heb. 4.12).

βουλή ahora describe los actos de la voluntad y las intenciones, funciones que en el N.T. son inseparables del corazón: «Pero el que está firme en su corazón, sin tener necesidad, sino que es dueño de su propia voluntad, y ha resuelto en su corazón guardar a su hija virgen, bien hace» (1 Cor. 7:37); «así que, no juzguéis nada antes de tiempo, hasta que venga el Señor, el cual aclarará también lo oculto de las tinieblas, y manifestará las intenciones de los corazones; y entonces cada uno recibirá su alabanza de Dios» (1 Cor. 4:5). En suma: el corazón tiene un lugar preeminente tanto en el Antiguo como en el Nuevo Testamento. La antropología del Nuevo Testamento contribuye al vocabulario más específico, pero no cambia la ontología del corazón. El corazón continúa siendo la sede de las facultades de vida del hombre interior.

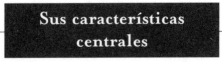

Sus características centrales

- *Además de ser creados a imagen de Dios, existen otras cualidades esenciales que actúan como un sistema operativo para todas las capacidades del corazón.*

- *La fuente lógica del corazón*

La Biblia da por sentadas las facultades lógicas del hombre. A diferencia del filósofo empirista John Locke, quien alegaba que el hombre había nacido con una «tabula rasa», un corazón en blanco que se programa por las experiencias externas, Dios lo creó una criatura racional. Esto también se distingue del concepto evolutivo del hombre como un animal racional pues el hombre es la única criatura que se distingue del resto por el sello de la imagen de Dios.

Sin embargo, la Biblia sí reconoce la propiedad «racional» del hombre y asume que existe en el corazón:

- «Por tanto, varones de inteligencia (corazón en hebreo), oídme: Lejos esté de Dios la impiedad, y del Omnipotente la iniquidad» (Job 34:10).

- «Reconoce asimismo en tu corazón, que como castiga el hombre a su hijo, así Jehová tu Dios te castiga» (Deut. 8:5).

- «Engruesa el corazón de este pueblo, y agrava sus oídos, y ciega sus ojos, para que no vea con sus ojos, ni oiga con sus oídos, ni su corazón entienda, ni se convierta, y haya para él sanidad» (Isa. 6:10-11).

El corazón del hombre no viene en blanco de fábrica; incluye los axiomas de la lógica que nos capacitan para analizar, valorar, comparar y distinguir la verdad que brota de la imagen de Dios:

> La estructura de la conciencia humana se explica por su estructura lógica inherente, y esta estructura lógica a su vez se explica por la mente de Dios.[16]

El uso más sublime de la lógica es entender el consejo de Dios, pues, aunque nadie puede comprenderlo sin la iluminación del Espíritu, el Espíritu no pasa por alto los axiomas de la lógica para hacer al hombre comprender, sino que lo ilumina para que sus raciocinios desentrañen el sentido espiritual.

· La antena espiritual del hombre

Es evidente que el hombre tiene una capacidad y una conciencia espiritual. De todas las criaturas que habitan en la creación, solo él podía sintonizar con un plano más allá de lo material. Aunque esta sintonía no estaba sin interferencia, no obstante, no puede desconectarse. Adán no pudo ser indiferente a la voz de Dios mientras paseaba por el Edén aun después de su pecado.

---

16 Carl F. H. Henry, *God, Revelation, and Authority* (Wheaton, IL: Crossway Books, 1999), 5:350.

La conciencia de Su presencia no es solo una percepción en la vida del creyente, sino también, aunque reprimida, en el inconverso. La Biblia nos dice que «... las cosas invisibles de él, su eterno poder y deidad, se hacen claramente visibles desde la creación del mundo, siendo entendidas por medio de las cosas hechas, de modo que no tienen excusa» (Rom. 1:20). Para el creyente, esta conciencia resulta en una fe bíblica; para el inconverso, en un sentido de religiosidad, aun si es en la forma de ateísmo.

• La personalidad del hombre

Todos los seres humanos son iguales en cuanto a que están hechos a imagen de Dios. Esto es lo que Pablo les dice a los atenienses: «Y de una sangre ha hecho todo el linaje de los hombres [...]. Siendo, pues, linaje (γένος) de Dios...» (Hech. 17:26-29). Aunque existen diferencias raciales y de personalidad entre ellos, siguen siendo un linaje, siguen siendo seres humanos.

En la Biblia, las diferencias de personalidad se describen por observación más que a manera de perfil psicológico clínico. Herman Bavinck aclara:

«La Biblia no habla el lenguaje exacto de la ciencia y las universidades, sino más bien el lenguaje de la percepción y de la vida cotidiana".[17]

Cuando a Isaac y Rebeca les nacieron mellizos, al observar sus desarrollos distinguieron diferencias de personalidad: «Y crecieron los niños, y Esaú fue diestro en la caza, hombre del campo; pero Jacob era varón quieto, que habitaba en tiendas» (Gén. 25:27).

---

17 Herman Bavinck, *Reformed Dogmatics, Vol. 1: The Prolegomena* (Michigan: Baker Academic, 2002), 445.

La descripción de Isaac y Rebeca no es la de sus dones espirituales sino la de sus aptitudes naturales. Esta distinción es a menudo discutida. Es indudable que los dones espirituales no son parte de nuestro ADN como sí los talentos naturales, sino que son dados como parte del paquete del nuevo nacimiento. ¿Qué decir entonces de los dones espirituales?, ¿acaso son parte de la personalidad?

En 1 Corintios 12, el gran capítulo de los dones, se explica su diversidad con la figura de un cuerpo: como el cuerpo tiene miembros distintos, así la iglesia, que es un cuerpo, tiene diversos órganos (miembros con distintos dones espirituales). El nacimiento de estos dones está ligado a la obra que el Espíritu Santo hace durante la salvación: «Porque por un solo Espíritu fuimos todos bautizados en un cuerpo, sean judíos o griegos, sean esclavos o libres; y a todos se nos dio a beber de un mismo Espíritu». Es en la regeneración cuando somos incorporados por el Espíritu y dotados con un don particular para la edificación del cuerpo espiritual de la iglesia.

Los dones espirituales no son innatos, pero pueden estar relacionados con nuestros talentos innatos y aptitudes adquiridas. Antes de convertirse, Pablo aventajaba a muchos de sus contemporáneos; después de convertido, también alcanzó, por su propia descripción, aventajar al resto de los apóstoles: «Pero por la gracia de Dios soy lo que soy; y su gracia no ha sido en vano para conmigo, **antes he trabajado más que todos ellos**; pero no yo, sino la gracia de Dios conmigo» (1 Cor. 15:10, énfasis añadido). Dios toma lo que tenemos y lo amplía mediante los dones.

Esto mismo se connota en la conversación de Dios con Moisés. Aarón fue elegido como el portavoz de Moisés dado que, por su desarrollo en Egipto, estaba más cualificado para hablar de forma comprensible a los egipcios.[18] Con todo esto no bastó, Dios agregó lo necesario para el éxito de la misión: «... y yo estaré con tu boca y te enseñaré lo que hayas de hablar» (Ex. 4:12). Lo mismo podemos decir de Bezaleel, artesano principal de las obras del tabernáculo. Seguramente no fue hecho artesano de forma instantánea cuando Dios lo llenó de «... sabiduría y en inteligencia, en ciencia y en todo arte»; el Espíritu de Dios lo especializó en la obra necesaria. De hecho, no se lo asoció con la obra de tintura de telas pues seguramente no era su fuerte, sino en construcción de madera y orfebrería.

Muy seguido, cuando nos convertimos, pensamos que Dios ha hecho todas las cosas nuevas y, por ende, desecha nuestro pasado y comienza de cero. Pero en realidad Dios es como un jardinero que no pierde ni un minuto ni un detalle de nuestra vida desde la primera respiración, y nuestros talentos naturales y experiencias son como semillas que Él cultiva y santifica con Su Espíritu, fusionándolas con nuestros dones espirituales para nutrir a Su iglesia.

---

18 Se debate si Moisés tenía un impedimento físico de tartamudez, o si la incompetencia que profesaba era la acostumbrada forma de subestimarse de la cultura de ese entonces. Me inclino más por la explicación de que Moisés, por el desuso (40 años en el desierto), había perdido habilidad en el uso de la lengua egipcia al punto que no se sentía apto para representar a Dios de forma adecuada ante los egipcios, quienes apreciaban la elocuencia. Pues, de hecho, en el libro de Hechos 7:22 se describe a Moisés como «poderoso en sus palabras».

· *El impulso moral del corazón*

También el hombre cuenta con un carácter moral, imagen de un Dios intensamente santo, que le confiere una profunda sensibilidad por lo que es ético y correcto. Esta cualidad se describe como la ley escrita en el corazón.

Pablo describe esta sensibilidad como un árbitro moral que se manifiesta en el hombre, creyente y no creyente: «Porque cuando los gentiles que no tienen ley hacen por naturaleza lo que es de la ley, estos, aunque no tengan ley, son ley para sí mismos, mostrando la obra de la ley escrita en sus corazones, dando testimonio su conciencia, y acusándoles o defendiéndoles sus razonamientos» (Rom. 2:14). Incluso los más desalmados delincuentes no pueden silenciar por completo a este juez.

En un estudio de la Universidad de Southampton conducido dentro de una prisión, se les pidió a los presos llenar un cuestionario de autoevaluación para compararse a los demás; la mayoría se calificó superior en moralidad al resto de la sociedad.[19]

No importa el grado de degeneración del hombre, el árbitro moral puede ser desvirtuado, pero no erradicado. Antes de que en la mente brote un pensamiento o una emoción, existe una voz ética que resuena, un instinto moral que se percibe, aun de forma tenue en aquellos que han cauterizado su conciencia.

---

19 Sarah Griffiths, «Prisoners believe they have BETTER morals than people on the outside, claims study», Daily Mail, 9 de junio de 2014, www.dailymail.co.uk/sciencetech/article-2536459/Prisoners-believe -BETTER-morals-people-outside-claims-study.html.

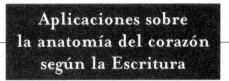

**Aplicaciones sobre
la anatomía del corazón
según la Escritura**

· *La diferencia con la antropología griega*

Es importante conocer el concepto griego del corazón, dado que, a través del imperio romano, su énfasis en lo racional es un fundamento de la cultura occidental. Bien lo dijo Alfred Whitehead: «La filosofía occidental no es más que una serie de notas al pie de página a Platón».[20]

En el mundo griego el concepto del corazón, καρδία (y sus cognados), distaba del bíblico. En la literatura estoica, el término tiene un sentido de órgano central de la vida intelectual, de la razón y de la voluntad; no envuelve al corazón en la vida espiritual —y moral— del hombre. Y en el uso más generalizado de la filosofía griega, la connotación primaria del término es para aspectos fisiológicos.[21] Aristóteles abunda en alusiones anatómicas al corazón y al lado físico de las emociones.

La diferencia entre la antropología de la Biblia y la de la Grecia antigua radica en esto. Grecia exaltaba la mente como el órgano principal del hombre interior. De hecho, Platón decía que el hombre está compuesto de tres partes: apetito, espíritu y razón. De estos tres, la razón, según Platón, debía prevalecer y regular

---

20 Alfred North Whitehead, *Process and Reality* (Free Press, 1979), 39.

21 Friedrich Baumgärtel y Johannes Behm, «καρδία, καρδιογνώστης, σκληροκαρδία», ed. Gerhard Kittel, Geoffrey W. Bromiley y Gerhard Friedrich, *Theological Dictionary of the New Testament* (Grand Rapids, MI: Eerdmans, 1964), 608.

a las otras dos. Sin duda Platón hubiese reescrito las palabras acerca del corazón de Salomón para decir: «Sobre toda cosa guardada, guarda tu mente porque de ella mana la excelencia». Para el griego, el corazón estaba divorciado del cuerpo[22] y de su vida práctica; es decir, estaba compartimentado. De ahí la paradoja de que cuanto más cultivaron la mente los griegos, más aumentó la decadencia moral en su cultura. William Barclay impugna a esta cultura la corrupción del orden moral de Roma:

> En el sentido imperial, Roma conquistó a Grecia, pero en el moral y social Grecia conquistó a Roma. Por el siglo II la moral griega había comenzado a infiltrarse en Roma, y el decaimiento fue catastrófico. El divorcio se hizo tan común como el matrimonio. Séneca habla de las mujeres que estaban casadas para divorciarse y que se divorciaban para casarse. Habla de que las mujeres identificaban los años no por los nombres de los cónsules, sino por los de sus maridos.[23]

• El desequilibrio de nuestra sociedad

La primacía de la mente no murió con la cultura griega; sigue viva en el concepto de la educación como la panacea para los males sociales. La cura a los males sociales del hombre contemporáneo es la educación, no la conversión. La escuela, y no la iglesia, es la institución sagrada de la superación humana; el libro de texto, y no

---

22 Rousas John Rushdoony, *Commentaries on the Pentateuch: Deuteronomy*, (Vallecito, CA: Ross House Books, 2008), 24-25.
23 William Barclay, *The Gospel of Matthew* (Philadelphia, PA: The Westminster John Knox Press, 1976).

la Biblia, es la lectura requerida; el psicoterapeuta, y no el pastor, es la autoridad oficial para tratar con las descomposturas humanas. La sobrestima de la escuela es una falacia conocida aun por los inconversos. En su libro «Informe sobre ciegos», Ernesto Sabato responde a una maestra que aseveraba que el alfabetismo era la solución a los problemas generales de la humanidad diciendo:

> El pueblo más alfabetizado del mundo era el que había instaurado los campos de concentración para la tortura en masa y la cremación de judíos y católicos.[24]

· *El desequilibro de la iglesia*

No por imperceptible es menos real esta influencia en la iglesia. Los pastores se concentran en la educación cristiana y no en cultivar los corazones de las ovejas. Hay predicadores ilustres en la exposición del texto, pero sus sermones carecen de aplicación. El producto son ovejas llenas de datos, pero carentes de convicciones de corazón. Un líder cristiano bien dijo que el camino más difícil de recorrer tan solo mide treinta centímetros: lograr que la verdad descienda de la mente al corazón. El pastor bíblico es el que se desgasta en el cultivo del corazón de sus ovejas.

La familia también ha sido influenciada por esta deficiencia. Muchos padres cristianos invierten en la escuela para que sus hijos no se atrasen y aseguren una buena posición en el campo laboral, pero no en el desarrollo de sus corazones. Celebran con euforia los avances académicos de sus hijos, pero con aprecio anímico sus adelantos espirituales y morales.

---

24 Ernesto Sábato, *Informe sobre ciegos* (Apple Books), 68.

El cultivo del intelecto debe subordinarse al cultivo del corazón aun cuando esto requiere que el joven se atrase un poco en los estudios académicos para adelantar en la maduración de su corazón. En la empresa en que trabajo he entrevistado a decenas de solicitantes. Invariablemente los que ascienden más alto y permanecen más tiempo no son los más inteligentes, sino los empleados de confianza. Talentos y diplomas van y vienen, pero el temple moral de un corazón cultivado es en estos días una rareza.

Cristiano, si crees que las oportunidades laborales que encontrarán tus hijos son principalmente dadas por la providencia de Dios antes que por el esfuerzo humano, considera que Dios las abre según la madurez del corazón y no la estatura educativa. Pero por ningún momento pensemos que la educación deba ser menospreciada, o ser «preciada menos». El corazón maduro tiene como uno de sus cometidos el crecer en conocimiento, pero nunca en disparidad con la sabiduría. El conocimiento controlado por Dios produce crecimiento en carácter y en sensatez práctica.

El hedonismo

El hedonismo, también formulado por los griegos, es otra de las ideologías en boga. Postula, según Antípatro de Cirene, que la búsqueda de la felicidad se cumple con la excitación de los sentidos y las pasiones.

En el comportamiento del hombre contemporáneo vemos una reedición de esta filosofía. «¿Cómo te sientes?» es la pregunta acostumbrada para llegar a un diagnóstico correcto. La brújula utilizada para tomar decisiones a diario son los sentimientos. El camino que más parece complacer es el que se elige.

El hedonismo es pagano, pero se ha hecho presente en la iglesia. Miles de cristianos —y cientos de iglesias— confunden la espiritualidad con el sentimentalismo. Los borbotones de emoción durante un servicio son canónicos, interpretados como manifestaciones del Espíritu. Pero son los arrebatados por grandes brotes del Espíritu los mismos que exhiben minúsculos frutos durante la semana.

La versión pastoral es la predicación que, antes de buscar la instrucción de la mente y el cultivo del corazón, intenta transportar a la congregación a un éxtasis. Es lo que llamo la versión sermónica de Facebook: se presenta algo para provocar una reacción que gratifique al predicador.

He conocido a pastores de alto nivel cuya ética personal deja mucho que desear, pero que son invitados favoritos al púlpito porque son calificados conforme al tamaño de la reacción del auditorio. El sermón exitoso es el que más inflamó las emociones, aun si doctrinalmente fue solo una botana.

Es difícil de notar, pero existe una diferencia entre predicar con unción espiritual y predicar en alto volumen. Predicadores como George Whitefield se veían encendidos por las doctrinas a predicar; su intensidad nunca fue una pasión divorciada de la verdad; su predicación arrojaba flechas incandescentes de doctrina dirigidas a la mente; la reacción del auditorio era el resultado del procesamiento mental de las verdades predicadas, de tal manera que eran utilizadas por el Espíritu para convertir y transformar a los corazones.

La primacía de la música es otra señal del emocionalismo. En algunas iglesias el libro que dirige a la congregación está más lleno de partituras que de texto bíblico. Los servicios de adoración no están organizados para llevar a la reflexión espiritual sino para darles cuerda a las emociones con música a un volumen capaz de reventar los tímpanos de los congregantes. La plataforma de la predicación está siendo desplazada por el podio del concierto. Cada vez más, el sermón se convierte en la forma de cerrar la alabanza en vez de que la alabanza sea la preparación para el sermón. Hace un tiempo escuché a una pareja decir: «No nos hemos asentado en una iglesia porque no hemos encontrado música suficientemente buena». Cualquier consideración de la buena enseñanza o pastoreo personalizado no les pasaba por la mente.

Pero para entender lo que se esconde tras el corazón humano no basta conocer su primacía en la Escritura. Requiere conocer su historia, o más bien «su negro historial». Pues ninguno de nosotros posee el corazón original que salió flamante de la fábrica de la creación.

Pero para entender el corazón no basta saber que es un tema central en la Escritura. Tiene una historia oscura, razón por la cual Dios tuvo que intervenir con la salvación. ¡Prepárate para ser testigo de la dureza del corazón humano y de la majestuosidad de la intervención de Dios para remediarlo!

CAPÍTULO 3

La negra historia del corazón

"He aquí, solamente esto he hallado:
que Dios hizo al hombre recto,
pero ellos buscaron muchas perversiones".
(Ecle. 7:29)

LA HISTORIA UNIVERSAL ESTÁ REPLETA de sucesos de la perversión del hombre, mencionada en este versículo. Cuando Mitrídates, rey de Ponto, invadió territorio romano, ordenó a las autoridades locales que ejecutaran a todos aquellos que hablaban latín. En un pueblo, los verdugos lo llevaron a cabo con particular sadismo. Los niños eran ejecutados frente a sus padres, las esposas frente a sus esposos y al final los hombres. ¡El corazón sabe ser cruel!

Pero también macabro. El Papa Esteban VI puso a juicio al cadáver de su predecesor, el Papa Formoso, en el Sínodo de Cadáveres, un evento que tuvo lugar en Roma en 897 d. C. Su cuerpo fue exhumado y sentado en un trono, como si estuviera vivo. Luego, un diácono respondió por el cadáver durante el juicio simulado. Al final, se declaró inválida su elección como Papa y

43

se anularon todos sus actos. ¡Pero eso no es todo! También le cortaron los dedos de la consagración y luego arrojaron su cuerpo a una tumba. ¡Pero aún hay más! El cadáver fue arrastrado hasta el río Tíber y arrojado al agua.

Pero, también, ¡intensamente depravado y pervertido! Durante la violación de Nanjing, las tropas japonesas violaron y agredieron sexualmente de forma sistemática a innumerables mujeres y niñas chinas. Muchas de las víctimas fueron violadas en grupo.

Pero también desvergonzado y despiadado. La viuda Arline Minkin, de 80 años, perdió sus ahorros de toda la vida por el esquema Ponzi de Scott Raposo, su asesor financiero, quien, en lugar de invertir su dinero de manera legítima, utilizó los fondos de la Sra. Minkin y los de otros inversores para pagar las ganancias prometidas a los primeros inversores y financiar sus lujos. Cuando el esquema colapsó, la Sra. Minkin se quedó sin un quinto y tuvo que vender su hogar y mudarse a vivir con su hija.

Para comprender plenamente la maldad que el ser humano es capaz de perpetrar se necesitaría una biblioteca completa de libros que relataran todos los hechos que ilustran cada connotación de la maldad. Por esto es importante estudiar «La negra historia del corazón», su origen y cómo puede convertirse en tan enraizada y difícil de eliminar.

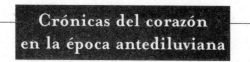

Crónicas del corazón en la época antediluviana

La riqueza del corazón recién creado

La Biblia remarca que todo lo que provino de la mano de Dios era bueno; bueno en gran manera, incluyendo al hombre. Su mente era limpia; su voluntad, dispuesta a la obediencia; sus emociones, sanas al unísono de las de Dios; todos sus objetivos apuntaban a la gloria de Dios. El corazón del hombre llevaba la fresca y diáfana insignia de la ley de Dios.

Sin embargo, todo pronto cambió. El mundo prístino solo ocupa dos capítulos en la Biblia; el resto (cientos de capítulos) narra «la negra novela del corazón».

La tragedia del corazón caído

La primera traición en la Biblia no fue la de Judas, sino la de Adán. Dios lo coronó virrey de su creación, le dio un paraíso por habitación y una mujer por compañera (no lo dejó meramente acompañado, solo con una mascota). Y aunque Adán y Eva lo tenían todo, no respondieron como era natural. Es difícil saber si Pablo en Romanos alude a ellos de forma indirecta, pero el lenguaje del capítulo uno describe bien la traición: "Pues habiendo conocido a Dios, no le glorificaron como a Dios, ni le dieron gracias, sino que se envanecieron en sus razonamientos y su necio corazón fue entenebrecido".

Desde entonces, el hombre nunca volvió a ser igual. Su Dios, su Creador, su Benefactor, ya no era bienvenido en el jardín. Adán ahora se escondía de Él tanto como antes lo buscaba. La mujer que era su ayuda ahora era su problema, culpable de la rebelión.

Desde entonces, el corazón maquina maldades. Solo tres capítulos después de la creación ocurre el primer homicidio: peor aún, el primer fratricidio. El juicio de Dios que azotó a su padre no fue suficiente para frenar el recelo en contra de Abel y Caín perpetró el primer asesinato a sangre fría. Este fue el primer avistamiento del monstruo en el que se transformó el corazón humano después de la caída. Bien lo describe una escritora: «Los glaciares son más cálidos que el duro corazón de los humanos».[1]

La decadencia se regó como un cáncer sobre la siguiente generación. Lamec rompe con el esquema del matrimonio monógamo establecido por Dios y se protagoniza como el primer adúltero y el primer gánster, dispuesto a repartir grandes venganzas a pequeñas ofensas en su contra.

Estos capítulos de Génesis son una triste descripción de la calcificación del corazón. Comenta Geerhardus Vos:

> Esta fase describe la historia humana con una escasa concesión de gracia. Un mínimo indispensable para la esfera de la naturaleza y la de la redención. Sin esta mínima interposición divina el mundo sufriría un colapso. Y en la esfera de la redención, si la gracia se hubiese retirado completamente, la continuidad del cumplimiento de la promesa hecha se habría roto.[2]

---

1 Rosa Montero, *El amor de mi vida* (España: Penguin Random House Group, 2012).
2 Geerhardus Vos, *Biblical Theology: Old and New Testaments* (Eugene, OR: Wipf and Stock, 2003), 45.

El capítulo 6 de Génesis destapa alarmantes niveles tóxicos del corazón: «Y vio Jehová que la maldad de los hombres era mucha en la tierra, y que todo designio de los pensamientos del corazón de ellos era de continuo (en hebreo, cada día), solamente el mal».[3] El lenguaje de la descripción corre de mal en peor; no hay espacio de salud en el corazón. El diagnóstico es de desahuciado. El primer adjetivo de la maldad es **mucha;** el segundo es más tajante: «**Todo** designio de los pensamientos del corazón de ellos era de continuo (literalmente, día a día) solamente el mal».

Además, la carbónica negrura del corazón del hombre se lee también en el sentir del corazón de Dios: «Y se **arrepintió** Jehová de haber hecho hombre en la tierra, y le **dolió** en su corazón. Y dijo Jehová: Raeré de sobre la faz de la tierra a los hombres que he creado, desde el hombre hasta la bestia, y hasta el reptil y las aves del cielo; pues me arrepiento de haberlos hecho» (Gén. 6:6-7, énfasis añadido).

¿Qué clase de conducta lleva a cambiar la disposición de una madre de amamantar a su recién nacido a resolver su aniquilación? Dios no es un progenitor mecánico: es un creador emotivo, es el creador del sentido maternal; el Creador con sentido maternal. Raer al hombre no era un paso sencillo como lo sería para un criminal endurecido o un verdugo impersonal; era algo dramático y doloroso. El hombre, a quien había creado, otorgado Su imagen y colocado en una cuna paradisíaca, sería convertido

---

3 Francis Schaeffer, *Volume 2: A Christian View of the Bible as Truth* (Wheaton, IL: Crossway, 1982), 90.

en cadáver flotante en las aguas del diluvio; y no solo uno, sino todo ser humano con la excepción de Noé y su familia. A Dios le dolió el corazón.

La nueva oportunidad

Lo más natural es pensar que después del diluvio las cosas habrían cambiado con el hombre. No fue una refrescante llovizna distendida sobre un árido ambiente; fue una catástrofe mundial; un humanicidio que aniquiló al hombre salvo por una familia con su zoológico privado. Si Noé hubiera abierto la única ventana del arca para ver fuera, seguramente habría visto un cementerio flotante de cadáveres humanos y animales.

Noé y su familia salieron del arca a un nuevo horizonte, pero no para aterrizar en un paraíso para vacacionar olvidando fácilmente el pasado. Su descenso del arca bien pudo ser una lúgubre experiencia, única. Las aguas bajaron, pero la tierra inauguró el cementerio de la humanidad. Este fue el juicio más fulminante de la historia hasta entonces y lo será hasta el debut de las calamidades del Apocalipsis.

Para ellos se abría un nuevo capítulo, tan nuevo que la bendición de Dios después de salir del arca fue idéntica a la comisión original de Adán y Eva: «Fructificad y multiplicaos, y llenad la tierra» (Gén. 9:1). Era como si Dios les estuviera dando tierra nueva regresando el reloj a antes de la caída. Ya sin el entorno de pecadores antediluvianos y con el eco del ominoso juicio de Dios, el problema del pecado se habría resuelto. No obstante, el extraordinario enjuague no logró sacar el pecado del corazón humano. Aunque cientos de miles de seres se ahogaron en las aguas del diluvio, el pecado continuó a flote entre los vivientes mismos que escaparon de este juicio.

El primer capítulo de la historia postdiluviana registra un acto de inmoralidad familiar: la violación de la desnudez de Noé por parte de Canaán. Y aunque la aberración conlleva matices culturales, la culpa fue real y resultó en una maldición de repercusiones permanentes en la historia universal del mundo.

No bastó el mal comienzo. En el décimo capítulo de Génesis (solo 4 capítulos después del capítulo 6) encontramos a la humanidad entera consolidada en sentido contrario a la voluntad de Dios. Él mandó: «Fructificad y multiplicaos, y llenad la tierra» (Gén. 9:1), pero la humanidad en la torre de Babel buscaba la unidad y se rehusaba a la dispersión. De no ser porque Dios cambió sus lenguas, los hombres se habrían rehusado a llenar la tierra.

Aplicación

La dureza del corazón es tal que ni la calamidad logra transformarlo sin la gracia de Dios. Las plagas apocalípticas que a muchos les ponen los pelos de punta no surten efecto en el corazón: «Y los otros hombres que no fueron muertos con estas plagas ni aun así se arrepintieron de las obras de sus manos, ni dejaron de adorar a los demonios, y a las imágenes de oro, de plata, de bronce, de piedra y de madera, las cuales no pueden ver, ni oír, ni andar; y no se arrepintieron de sus homicidios, ni de sus hechicerías, ni de su fornicación, ni de sus hurtos» (Apoc. 9:20-21). De Génesis a Apocalipsis, la Biblia atestigua la maldad del corazón humano. No fue solo una etapa del desarrollo humano.

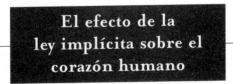

El efecto de la ley implícita sobre el corazón humano

Con la caída del hombre, el corazón humano perdió su inocencia, pero no su conciencia de la ley de Dios. La caída la tachó, pero no la borró. No existía grabada en tablas todavía, pero sí en el corazón del hombre, aunque en tinta tenue. Al periodo que abarca desde la caída hasta Moisés lo podemos llamar el periodo de la ley implícita.

Aunque no existía una ley explícita existía la conciencia de pecado en los corazones tanto de creyentes como de inconversos. José, al rehusar la propuesta de la esposa de Potifar, cumplía por naturaleza lo que es de la ley (Rom. 2:14). Faraón y Abimelec rey de Gerar, netamente paganos, se alarmaron cuando se percataron del riesgo de cometer adulterio con Sara, la esposa de Abraham. Dios repartió juicios letales consonantes con la ley implícita que reverberaba en el corazón de los hombres y se integró a muchas de las culturas desde temprano.

Pablo alude a este concepto al decir: «Reinó la muerte desde Adán hasta Moisés, aun en los que no pecaron a la manera de la transgresión de Adán» (Rom. 5:14). Es decir, los que no violaron un mandamiento explícito como el anunciado a Adán, sino implícito.

Ahora bien, es cierto que el concepto primario es que la muerte de todos aquellos que vivieron antes de Moisés fue consecuencia directa de su naturaleza pecaminosa más que de violaciones específicas o por pecados puntuales. Pablo, en este capítulo de Romanos, presenta la culpa compartida por toda la humanidad como derivada de la imputación del pecado de Adán al ser humano, pues esta realidad encuentra una contraparte en la salvación ameritada por la justicia de Cristo e imputada a favor de los creyentes que Pablo menciona después en este mismo capítulo.

No obstante, a esto también puede agregarse el hecho de que Dios castigaba al mundo antiguo en base a lo que ya Pablo había establecido en el capítulo 2 de Romanos como «la ley escrita en los corazones [que da] testimonio a su conciencia». Pues de la misma manera que los gentiles que no vivían bajo la ley mosaica e ignoraban, en su mayoría, dichos edictos eran castigados, aquellos que vivieron antes de la época mosaica también fueron castigados. El ejemplo que destaca es el del diluvio, con el que Dios no decidió poner «fin a todo ser» arbitrariamente, sino por la violación de su ley escrita en los corazones, confirmada por el eco de su providencia, como en el caso del castigo de Caín por su fratricidio.

Con todo, las riendas de la ley implícita fueron insuficientes para restringir la rebeldía indómita del corazón, a pesar de la repartición de calamidades como el diluvio, fuego y azufre sobre Sodoma y Gomorra, y los sangrientos juicios sobre los cananitas mediante la espada de su pueblo. En esta época, la ley implícita solo consiguió reducir el efecto visual del pecado, pues al no haber ley no se inculpaba de pecado (Rom. 5:13), pero no pudo domar su ferocidad.

Esta época marca la etapa del «pecado no provocado». Es la época cuando la fiera estaba un tanto adormecida. Pues, AUNQUE PAREZCA MENTIRA, le ley explícita no solo denuncia al pecado SINO TAMBIÉN LO PROVOCA (Rom. 7:7-8). Como estudiaremos más adelante, la ley explícita, cuya intención es detener el pecado, despierta a la fiera de corrupción que hay en el hombre.

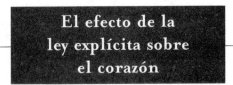

El efecto de la
ley explícita sobre
el corazón

La redención de Israel y el pacto mosaico

El éxodo no se inició por el clamor de los hijos de Israel, sino como cumplimiento de una promesa ancestral de Dios más de 400 años antes. Pues tanto la opresión como la redención de Israel habían sido predestinadas por los edictos soberanos de Dios (Gén. 15:13-14).

Cuando llegó el tiempo de cumplir la ancestral promesa de redimir a Israel de la esclavitud egipcia, la opresión social y política era brutal, pero mayor aún era la esclavitud de la nación al pecado. La emancipación de Dios no sería para un nacionalismo judío, sino un internacionalismo espiritual. Israel habría de ser una nación de sacerdotes al servicio de Dios y la cuna del Mesías para la salvación al mundo entero.

El establecimiento del pacto mosaico reitera el fundamento de la gracia. El pacto era semejante a los pactos entre los monarcas y sus vasallos en esa época, con la notable diferencia de estar fundamentados en la gracia inmerecida, no en el mérito humano. De ahí que la promulgación de la ley no comenzó requiriendo obediencia, sino recordando la redención de Dios: «Y habló Dios todas estas palabras, diciendo: Yo soy Jehová tu Dios, que te saqué de la tierra de Egipto, de casa de servidumbre» (Ex. 20:1-2).

La intención de los mandamientos era transformar el corazón del hombre. Los diez mandamientos son intensamente morales, todo el código civil y ritual dado en Sinaí se deriva de la pulpa moral del decálogo. Antes que Adán cayera en el pecado, el mandamiento de Dios era accesible; el cumplimiento de sus órdenes impartía vida. El salmista da constancia de la salud que la ley puede impartir al alma: «La ley de Jehová es perfecta, que convierte el alma; el testimonio de Jehová es fiel, que hace sabio al sencillo» (Sal. 19:7). El apóstol Pablo reitera que la ley es buena y espiritual (Rom. 7), y que en realidad el problema es el corazón, vendido al pecado.

La promulgación de la ley en Sinaí fue un acontecimiento histórico pero una experiencia histérica. Moisés, vocero de Dios, impartió más de 400 mandamientos civiles y ceremoniales, pero Jehová se reservó el acto de dictar los diez mandamientos personalmente. La voz de Dios debutó ante la nación por primera vez. La experiencia no fue por grandiosa, placentera; su tono no fue el del quieto susurro con el que emite órdenes para la creación. «No hay lenguaje ni palabra, ni es oída su voz» (Sal. 19:3), ¡fue un rugido de Su gloria! Los mandamientos fueron dictados con voz tronante, intimidante, desquiciante. Israel temblaba como un flan cuando escuchaba, por así decirlo, tras las faldas de Moisés.

Moisés mismo se asustó. Aunque estaba acostumbrado a escuchar la voz íntima de Dios (Ex. 33:11), no pudo conservar su compostura. El escritor de Hebreos revela un detalle omitido tanto en la crónica de Éxodo como en la de Deuteronomio: que Moisés estaba «espantado y temblando» (Heb. 12:21). Dios plantó electrodos de alto voltaje sobre el corazón de la nación para transformar el alma de los hijos de Israel e infundir un amor por Su voluntad.

Desde entonces, los diez mandamientos fueron identificados con la voz de Dios. Olvidar uno de los mandamientos era equivalente a olvidar Su voz, la voz inolvidable. Más allá de informar la mente e iluminar la conciencia, Su tono propuso grabar Su temor en el corazón del pueblo, así como los mandamientos fueron grabados por Su dedo en tablas de piedra (Ex. 20:20).

Israel respondió unánime y espontáneamente: «... haremos todas las cosas que Jehová ha dicho y obedeceremos» (Ex. 24:7). A este voto debió seguir una gran comisión de parte de Dios: «Id y proclamar Mi ley a todas las naciones enseñándoles a que guarden mis diez mandamientos y todas sus ramificaciones». Pues «la ley de Jehová es perfecta, que convierte el alma...» (Sal. 19:7).

El fracaso de la ley explícita

Lamentablemente, el voto de obediencia que juró Israel ¡fue transgredido en tiempo récord! Mientras el grabado de los mandamientos se terminaba para la ceremonia de estreno, el pueblo andaba en plena campaña de insurrección. Clamaban a Aarón: «... levántate, haznos dioses que vayan delante de nosotros...» (Ex. 32:1). En otras palabras: ¡Aarón, tú eres el líder subalterno, facilítanos la forma de violar el primer mandamiento!

La voz de Dios solo les sirvió como una buena zarandeada de oídos, una sacudida emocional, un cambio a corto plazo, pero no consiguió penetrar el corazón de Israel. La historia subsecuente de Israel está llena de un instinto obsesivo por convivir con los ídolos.

Esta realidad no tomó a Dios por sorpresa; como Jesús, Él conocía el corazón y sabía que el juramento de obediencia sería solo una añoranza: «¡Quién diera que tuviesen tal corazón, que me temieran y guardasen todos los días todos mis mandamientos, para que a ellos y a sus hijos les fuese bien para siempre!» (Deut. 5:29).

Aplicación

La ley informa, pero no transforma; garantiza recibir la bendición de la obediencia, pero no brinda el poder para lograrla; compele externamente, pero no impele a la obediencia. Las maldiciones por desobediencia y las bendiciones por obediencia fueron insuficientes para cambiar el corazón de Israel. Bien lo explica el apóstol Pablo en la epístola a los Gálatas: «Si la ley dada pudiera vivificar, la justicia fuera verdaderamente por la ley» (Gál. 3:21).

Ninguna vivencia, por fuerte que sea, puede inducir genuino arrepentimiento y transformar el corazón aparte de la palabra potenciada por el Espíritu. Esto mismo enseñó Jesús en la parábola del rico y Lázaro: «Si no oyen a Moisés y a los profetas, tampoco se persuadirán aunque alguno se levantare de los muertos» (Luc. 16:31). Los hijos de Israel no escucharon a Moisés; la dureza de su corazón se sobrepuso al efecto temporal que los prodigios inconcebibles produjeron, pero que pronto se desvanecieron. El hombre es capaz de presenciar milagros equivalentes a los efectos especiales más aparatosos de Hollywood sin que se obre un cambio esencial y permanente en su corazón.

Sobran evangelistas cuyas campañas son una fábrica de espectáculos, con impresionantes montajes musicales, cómicos, malabaristas, producciones de vídeos, experiencias apoteósicas que usan como martillo para que el clavo del evangelio penetre en el corazón de los inconversos. Logran que muchos levanten la mano, pasen al frente, hagan profesión de fe, pero después del evento, como la resaca del mar, regresan a donde estaban. La disparidad entre los que supuestamente se entregaron y los que se integraron a la membresía de la iglesia es gigantesca.

Esta tendencia se nota también en la iglesia. Si antes de la Reforma el púlpito fue sustituido por el altar como pieza central, ahora la plataforma del espectáculo, con llamativas coreografías e impresionantes espectáculos, ha desplazado al púlpito. En sus servicios no manifiestan la primacía de la predicación, sino la insuficiencia del púlpito; sus ministerios son regidos más por la mercadotecnia que por la Biblia. Olvidan las palabras de Spurgeon cuando dijo: «La iglesia existe para alimentar a las ovejas, no para entretener a los cabritos». Las emociones pueden ser compelidas por el espectáculo, pero el corazón solo puede ser impelido por la gracia de Dios.

El efecto de la providencia purificadora

El trayecto a la tierra prometida

La ley no fue el único recurso que Dios utilizó para domesticar el corazón de Israel. La providencia de Dios en el trayecto a la tierra prometida tenía tanto la intención de guiarlos a su destino como de impartir una terapia de cambio al corazón nacional.

La ruta que Dios estableció a la tierra prometida no fue la más corta del sistema de navegación. El viaje directo sin escalas habría tomado solo diecisiete días; la ruta con sus paradas tomó cuarenta años. Creo que como cristianos nos hemos acostumbrado al hecho, pero reflexionemos: no fueron diecisiete días, ¡FUERON CUARENTA AÑOS!

Pero, ¿por qué esa exageración? La respuesta es fácil de entender, aunque difícil de digerir: cuarenta años llevaría acondicionar el corazón de Israel solo para prevenir que la jornada no terminara en el abandono de sus caminos. Así lo declara Moisés: «Te acordarás de todo el camino por donde te ha traído Jehová tu Dios estos cuarenta años en el desierto, para afligirte, para probarte, para saber lo que había en tu corazón, si habías de guardar o no sus mandamientos» (Deut. 8:2-3). Dios no escogió el camino más corto, sino el más moldeador.

Hay cosas que no pueden apresurarse. El agua mineral Evian surge de una gruta y pasa quince años en las montañas de los Alpes antes de alcanzar la pureza para embotellarla. La filtración de Israel requirió cuarenta. De haber sido el corazón maleable como tibia mantequilla ni un mes habría tomado, pero para el corazón de Israel, sazonado más de 400 años en la idolatría y costumbres egipcias, la descontaminación y la preparación no pudieron tomar menos de cuarenta.

He aquí una lección puntual: los cambios del corazón siempre se cocinan a fuego lento. Exceptuando la regeneración, que logra un giro prácticamente instantáneo, el cambio por influencia toma tiempo. Enseñar la mente toma minutos, pero cambiar el corazón para que practique lo que escucha no es un asunto instantáneo. Aun la psicología, que ignora la maldad nativa del corazón, afirma: «Los seres humanos somos criaturas de hábito, no de conocimiento».[4]

---

4 Eduardo Chapunoff y Howard Paul, *El corazon de la psicología* (Authorhouse, 2012).

Las batallas sangrientas

Dios pudo haber entregado la tierra prometida en charola de plata. Solo había que amedrentar los corazones de las naciones para que se desmoronaran como dominós y abrieran paso a Israel. Pero ocurrió todo lo opuesto: en vez de ablandarlos, Dios los endureció como hizo con Faraón, e Israel tuvo que pasar por un baño de violentas presiones de guerra.

Dios no estaba interesado en soluciones diplomáticas; desde antaño había determinado juzgar el pecado de estas naciones con la espada de Israel (Jos. 11:20). Pero lo que habría de ser espada de muerte a las naciones resultaría el bisturí de vida para el corazón de Su pueblo.

No obstante, los conflictos no bastaron. Israel no se rebeló abiertamente, pero tampoco se consagró por completo. Tal como Satanás insinuó a Dios acerca de Job, su apego estaba condicionado a los beneficios de Dios («no temían a Dios de balde», Job 1:7). Las demoledoras intervenciones de Dios contra cada enemigo eran una póliza de seguro de vida.

El discurso de despedida de Josué, con la memoria de las batallas libradas en el espejo retrovisor, remarca la fidelidad de Dios y los convoca a la obediencia. Israel, tan convincente, se consagra sin reservas: «Entonces el pueblo respondió y dijo: Nunca tal acontezca, que dejemos a Jehová para servir a otros dioses; porque Jehová nuestro Dios es el que nos sacó a nosotros y a nuestros padres de la tierra de Egipto, de la casa de servidumbre; el que ha hecho estas grandes señales, y nos ha guardado por todo el camino por donde hemos andado, y en todos los pueblos por entre los cuales pasamos» (Jos. 24:16-17).

Con todo Josué anticipa su fracaso: «Entonces Josué dijo al pueblo: No podréis servir a Jehová, porque él es Dios santo, y Dios celoso; no sufrirá vuestras rebeliones y vuestros pecados» (Jos. 24:19). Su dictamen no fue una mera corazonada. En el transcurso de todo un siglo, desde Moisés a Josué, poco o nada había cambiado en el corazón de la nación. Todavía Josué los convoca a deshacerse de la colección de ídolos que habían recogido por el camino, a forma de souvenirs, desde Egipto hasta el otro lado del Jordán: «Ahora, pues, temed a Jehová, y servidle con integridad y en verdad; y quitad de entre vosotros los dioses a los cuales sirvieron vuestros padres al otro lado del río, y en Egipto; y servid a Jehová» (Jos. 24:14). Y tal desvío había sido anticipado por Moisés más de un siglo atrás: «Porque yo conozco tu rebelión, y tu dura cerviz; he aquí que aun viviendo yo con vosotros hoy, sois rebeldes a Jehová; ¿cuánto más después que yo haya muerto?» (Deut. 31:27).

Aun en los momentos más saludables bajo Moisés y Josué, la religión de Israel fue sincretista. Su devoción a Jehová siempre tuvo competencia con la de otros dioses. Se asemejaba a algunas de las tribus de Mesoamérica que encimaban pirámides una por encima de la otra, amalgamando diferentes creencias religiosas. Israel usaba a Dios como fachada de devoción, pero por detrás servían a «dioses permisivos» que consentían con sus concupiscencias (Jos. 24:14-15).

La providencia que colmó a Israel con bendiciones y aflicciones no tuvo mayor efecto que el de un encanto temporal, como el encantador sobre la cobra, que inhibe su naturaleza por un momento, pero no logra domesticarla por completo.

Aplicación

Ni la bendición ni la aflicción surten efecto permanente en el corazón sin el toque de la gracia de Dios. En el mundo, aun los corazones apartados de la influencia de Dios también ven beneficios y tragedias, pero sin Su gracia los primeros enorgullecen el corazón, y las segundas lo amargan. Es por esto imprescindible que tengamos vidas nutridas de la gracia de Dios, pues la interpretación y el efecto sobre nuestro corazón de todo cuanto ocurre a nuestras vidas depende de esto. Aquellos en cuyo corazón están Sus caminos son los que, atravesando el valle de lágrimas, lo transforman en una fuente. Son los que irán de poder en poder, los que verán a Dios en Sión (Sal. 84:4-6).

El corazón de Israel bajo los jueces

A todos nos gustan los finales felices. La historia de la redención de Israel de Egipto y su asentamiento en la tierra prometida debió tener por desenlace: «E Israel vivió en paz y prosperidad y espiritualidad por siempre jamás».

No pudo ser así. La segunda generación después de que el pueblo se asentó en la tierra prometida cumplió lo contrario conforme al vaticinio de Josué años atrás: «Después los hijos de Israel hicieron lo malo ante los ojos de Jehová, y sirvieron a los baales. Dejaron a Jehová el Dios de sus padres, que los había sacado de la tierra de Egipto, y se fueron tras otros dioses, los dioses de los pueblos que estaban en sus alrededores, a los cuales adoraron; y provocaron a ira a Jehová. Y dejaron a Jehová, y adoraron a Baal y a Astarot» (Jue. 2:11-14).

Israel se encarriló en un circuito cerrado por 300 años, al son de apostasía, opresión de sus enemigos, invocación de auxilio y rescate de Jehová mediante algún juez. Una espiral que con cada revolución descendía a mayor decadencia y que se colma en la historia del levita y su concubina en Gabaa. Una perversión como para la primera plana del diario de Sodoma y Gomorra, pero alarmante para un pueblo inculcado en la ley de Dios.

El fin de esta época termina con un individualismo amoral marcado por una falta de liderazgo piadoso, distante de la época de Moisés y Josué (Jue. 17:6, 18:1, 19:2). En la conclusión del libro no reina la monarquía divina, sino la anarquía humana: «En estos días no había rey en Israel; cada uno hacía lo que bien le parecía» (Jue. 21:25).

Aplicación

El corazón humano está enamorado de la independencia, le encanta hacer «lo que le pegue la gana». Pero, excepto por la minoría con un corazón maduro, la mayoría de los creyentes, cuando se aíslan para no rendir cuentas a nadie, tienden a la desorientación, libertinaje y a la decadencia moral tal como se manifestó en esta etapa de la historia de Israel. Este axioma es confirmado por el sabio Salomón: «El que vive aislado busca su propio deseo, contra todo consejo se encoleriza» (Prov. 18:1, LBLA).

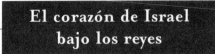

El corazón de Israel bajo los reyes

La gran ocurrencia

Israel andaba en busca de una solución a dos problemas: las recurrentes amenazas de sus enemigos vecinos y la necesidad de consolidar la grieta que había entre las tribus del norte y del sur por su geografía y, más aún, por su rivalidad. La autoridad centralizada de un rey parecía la solución idónea a ambos, aunque manifestaba una óptica equivocada.

La solución a la agresión de sus enemigos no correspondía a un síntoma político sino espiritual, deletreado por el profeta Samuel: «... si de todo vuestro corazón os volvéis a Jehová, quitad los dioses ajenos y a Astarot de entre vosotros, y preparad vuestro corazón a Jehová, y sólo a él servid, y os librará de la mano de los filisteos...» (1 Sam. 7:3). Israel era testarudo, no le había entrado en la mente que la supervivencia nacional no dependía de las maniobras políticas o los esquemas gubernamentales, sino de volverse a Dios y dar la espalda a los ídolos.

Como ahora, en aquel entonces Israel persistía en **una solución desligada de la obediencia**. El pedido no correspondía a una evolución política sino al despido de Samuel como profeta[5] y al derrocamiento de Dios como rey: «Oye la voz del pueblo en todo lo que te digan; porque no te han desechado a ti, sino a mí me han desechado, para que no reine sobre ellos...» (1 Sam. 8:7). De hecho, con el tiempo, el pueblo reconoció el pedido como

---

5 A pesar de que Israel mismo había caracterizado su liderazgo de intachable (1 Sam. 12:1-5).

un pecado sumado a su idolatría: «Entonces dijo todo el pueblo a Samuel: Ruega por tus siervos a Jehová tu Dios, para que no muramos; porque a todos nuestros pecados hemos añadido este mal de pedir rey para nosotros» (1 Sam. 12:19).

Vemos la terquedad de Israel en exhibición. La instalación del rey no mejoraría, sino que empeoraría la vida nacional. Por un lado, Jehová seguiría siendo quien los protegería, y no el nuevo rey; y la forma de hacerlo no era con mejor armamento sino con mejor comportamiento: que tanto Israel como su rey caminaran en el temor de Dios: «Si temiereis a Jehová y le sirviereis, y oyereis su voz, y no fuereis rebeldes a la palabra de Jehová, y si tanto vosotros como el rey que reina sobre vosotros servís a Jehová vuestro Dios, haréis bien. Mas si no oyereis la voz de Jehová, y si fuereis rebeldes a las palabras de Jehová, la mano de Jehová estará contra vosotros como estuvo contra vuestros padres» (1 Sam. 12:14-15).

Pero acabarían perjudicados, curiosamente, más por las demandas de su rey que por los estragos del enemigo: «Dijo, pues: Así hará el rey que reinará sobre vosotros: tomará vuestros hijos, y los pondrá en sus carros y en su gente de a caballo, para que corran delante de su carro; y nombrará para sí jefes de miles y jefes de cincuentenas; los pondrá asimismo a que aren sus campos y sieguen sus mieses, y a que hagan sus armas de guerra y los pertrechos de sus carros. Tomará también a vuestras hijas para que sean perfumadoras, cocineras y amasadoras. Asimismo, tomará lo mejor de vuestras tierras, de vuestras viñas y de vuestros olivares, y los dará a sus siervos. Diezmará vuestro grano y vuestras viñas, para dar a sus oficiales y a sus siervos. Tomará vuestros siervos y vuestras siervas, vuestros mejores jóvenes, y vuestros asnos, y con ellos hará sus obras. Diezmará también vuestros rebaños, y seréis sus siervos. Y clamaréis aquel día a causa de vuestro rey que os habréis elegido, mas Jehová no os responderá en aquel día» (1 Sam. 8:11-18). Con todo, Israel no quiso escuchar (1 Sam. 8:19).

Es importante, asimismo, subrayar un factor al que se le hace caso nulo en las ciencias políticas. El corazón humano y sus pasiones no pueden ser controlados dentro de las hegemonías gubernamentales. La monarquía tenía su buen diseño —resolver el caos de la anarquía—, pero el problema es que el monarca surge de la misma raza de corazones indómitos. Dios advirtió a Israel que la monarquía de su rey sería un paseo en la vanidad y un gobierno de autoservicio, que viviría más para explotarlos que para servirlos, porque no existe hombre sobre la faz de la tierra cuyo corazón en esas alturas no se enaltezca. La monarquía, para que funcione, requiere de un monarca de corazón perfecto que aguarda la revelación final del Rey de reyes y Señor de señores.

Aplicación

Lección puntual: así como Jesús dijo en el camino a Emaús, el corazón es tardo para creer lo que Dios tiene. Israel confió antes en el falible gobierno humano que en el infalible rey de la eternidad. El corazón humano se fatiga fácilmente de la fe; su seguridad está en lo tangible, lo que puede controlar. Vivimos en un mundo cada vez más organizado, con sistemas sociales autosuficientes, que no dejan espacio para la fe ni para decisiones que pongan en riesgo nuestra participación en el sistema. Por ende, a diferencia de los grandes misioneros de antaño, nuestra vida está caracterizada por mínimos riesgos que no permiten emprender grandes proyectos para Dios.

La provisión provisional

Con todo, Israel no tomó a Dios por sorpresa. Él lo había anticipado y previsto 400 años antes: «Cuando hayas entrado en la tierra que Jehová tu Dios te da, y tomes posesión de ella y la habites, y digas: Pondré un rey sobre mí» (Deut. 17:14).

Aplicación

Lección puntual: Dios podría amarrarnos en una camisa de fuerza para tener control absoluto de las decisiones de nuestro corazón, pero en su gracia nos permite una existencia más llevadera con concesiones que sirven de desahogo para los excesos del corazón; así clasificó Jesús las provisiones del divorcio del A.T.

Junto con estas concesiones, Dios impone condiciones que sirven para regular las irregularidades de nuestra dureza y reducir su campo de acción y potencial de daño. Así fue con Israel en este episodio. La influencia de un rey sobre el pueblo rebasaba a la del profeta y el sacerdote. Dios no permitió una elección democrática; es decir, controlada por el corazón del pueblo. El rey habría de instalarse mediante unción profética por el designio de Dios.

El reinado de David

Durante el reinado de David, la nación caminó con mayor sobriedad espiritual. David era un hombre espiritual, conforme al corazón de Dios; con titubeos y debilidades, pero de devoción auténtica y celo fervoroso. Destacó como iconoclasta temerario y como pocos cumplió con las normas del Pentateuco en contra de la idolatría. (2 Sam. 5:17; Deut. 7:5, 25, 12:3). Su santidad personal como su pasión por Dios fueron una fuerza santificadora para la nación. Israel se ocupaba de la guerra bajo su enseña, por lo que la página de desvíos nacionales permaneció en blanco durante su reinado.

El reinado de Salomón

Ironías de la vida: aunque bajo Salomón el tema del corazón recibió cuanto de sabiduría cabía en su ser, y pese a su insistencia en que sobre toda cosa guardada se guardase el corazón, fue bajo su reinado que comenzó la decadencia real y nacional. Sus riquezas pudieron más que su sabiduría; sus mujeres lograron mayor estrago que sus enemigos. Pues normalmente los reyes que caen en idolatría sucumben ante los dioses de las naciones que los han conquistado, pero Salomón se postró ante los dioses de naciones bajo su dominio. La mejor explicación de tal incoherencia es que, tal como el proverbio indica, fue reducido a un bocado por sus mujeres (Prov. 6:26). Así, el hombre más sabio terminó siendo un consagrado politeísta.

Su desvío no quedó en su corazón o dentro de los muros del palacio. Sus obras públicas promovieron la idolatría, erigió lugares altos al repertorio completo de las divinidades de sus esposas. Y el pueblo fue cómplice en su descarrío: «Por cuanto me han dejado, y han adorado a Astoret diosa de los sidonios, a Quemos dios de Moab, y a Moloc dios de los hijos de Amón; y no han andado en mis caminos para hacer lo recto delante de mis ojos, y mis estatutos y mis decretos, como hizo David su padre». (1 Rey. 11:33).

Aplicación

A fuerza de una influencia externa, el corazón es capaz de comportarse como perrito bien domesticado aun cuando por dentro está gruñendo contra Dios. Israel siguió a David de forma externa, pero no por convicción propia: en cuanto Salomón viró a la idolatría, ahí también se volcó Israel.

Recuerdo cuando los Estados Unidos sufrieron el ataque del 11 de septiembre. Tras el efecto de tal masacre, la nación se domesticó. Tiendas netamente seculares publicaron dichos espirituales: «Dios bendiga a América», «nuestras oraciones están con las familias de las víctimas». Cuando la impresión bajó, el tono espiritual se marchitó y regresó al craso secularismo y a la antipatía contra Dios. Entre los disfraces del corazón se encuentra la máscara del fariseo, tan impresionante como impostora.

A partir del reinado de Salomón, la vida de Israel se fue a pique lenta pero inexorablemente; se caracterizó por una continua reincidencia en la idolatría, solo interrumpida por avivamientos transitorios.

Este episodio, asimismo, ilustra que los pecados que incubamos en nuestro corazón no solo afectan nuestra vida privada; con el tiempo, si no son tratados, serán los monstruos que debuten en escándalo público y terminen con la vida física. El descarrío del corazón de Salomón se desbordó al pueblo y afectó a toda la nación. La división de las tribus de Israel comenzó con el descuido del corazón de Salomón.

Jeroboam

El ascenso de Jeroboam fue tan vertiginoso como su deterioro. Podría parecer inverosímil que un tipo sin estirpe real y de poca experiencia administrativa llegase a gobernar sobre más tribus que Roboam, el propio hijo de Salomón. Dios lo hizo rey en un día, desgajó diez de las tribus de Israel y las añadió a su cetro.

La respuesta de Jeroboam ante la espléndida bendición fue insólita: en lugar de adorar y ofrecer a Dios su lealtad, confió en su autosuficiencia y le arrebató a Dios su futuro (1 Rey. 12:25-32). Temiendo el regreso de la lealtad del pueblo a la casa de David por ser sede del templo oficial, recurrió a instalar una sucursal de adoración alternativa. Inventó días festivos de acuerdo a «su propio corazón», altares, ídolos y sacerdotes «para los demonios», según sentencia la Escritura. Y así el pueblo cayó en una idolatría irremediable que provocó el juicio de Dios sobre su devenir (1 Rey. 12.24).

Aplicación

El episodio reitera la ilógica necedad del corazón humano. La sensatez dicta que cuanto más uno da, más recibe. Con el corazón caído ocurre lo contrario: cuanto más recibe, más se ufana; se sueña autosuficiente y se olvida de Dios. He aquí la más enigmática de las enfermedades, pues, ¿qué clase de enfermedad es la que resulta por contagio de la salud? El corazón desprovisto de la gracia de Dios es capaz de enfermarse con las bendiciones de Dios y quedar sin escarmiento tras Sus maldiciones. Como creyentes debemos aprender que las bendiciones de la providencia de Dios no son de provecho automático, requieren que «se manejen con cuidado» para que surtan efecto benéfico.

Roboam

En su formación, Roboam recibió una sobredosis de mala influencia. Vivió la contradicción de un padre sabio e idólatra a la vez. Su madre, Naama, amonita (una de las esposas paganas de Salomón), seguramente influenció su corazón hacia Milcom, el dios de su pueblo pagano.

El resultado fue un hijo de notable insensatez. Ya durante el reino de Salomón Israel había soportado una inmensa carga logística para sostener sus lujos excesivos; ahora el original Roboam dicta como primer punto de su agenda real una inmensa mayor imposición (1 Rey. 12:14). La mayor carga no venía porque necesitaba reformar la infraestructura de la nación para garantizar su prosperidad. La nueva imposición era para beneficio personal y para lucirse con sus amiguitos «juniorcrats»,[6] cuya aspiración era obtener mayores riquezas que las del mismo Salomón. Se cumplieron las palabras de Samuel siglo y medio atrás, cuando advirtió al pueblo que la opresión vendría por parte de su propia monarquía (1 Sam. 8:10-18).

Ni el contundente juicio de Dios que despedazó su reino, ni el temerario acecho de Sisac, rey de Egipto, frenaron su desvío.

---

6 Este término significa «aristócratas junior» o hijos de aristócratas.

El templo continuó siendo epicentro de adoración nacional, pero él le dio la espalda a la ley de Jehová (2 Crón. 12:1) y con él la idolatría llegó al máximo (1 Rey. 14:22).

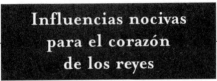

Influencias nocivas para el corazón de los reyes

La historia subsiguiente de los reyes de Judá e Israel fue de gradual decadencia, interrumpida por algunos avivamientos insuficientes para revertirla. Al hacer un análisis de este periodo de la historia del pueblo de Dios, vemos que existieron ciertas circunstancias endurecedoras del corazón que arruinaron a los reyes, y que son importantes para destacar:

Reyes en yugo desigual

Toda influencia es directamente proporcional a la intimidad que se tiene con las personas. Cuanta más intimidad se tenga con algo o con alguien mayor es el índice de influencia. Por esto no existe mayor intimidad que la que se da en el matrimonio, ni mayor peligro que el del yugo desigual.

Tanto el rey Salomón como Joram, casado con la hija del gánster rey Acaz, sucumbieron ante la presión conyugal pagana de sus esposas y no acataron la advertencia de Dios específica a los reyes en su ley (Deut. 17:17).

Las alianzas antitéticas

La presión política disuelve muchas convicciones en el corazón.

Aun Josafat, quien hizo lo recto ante los ojos de Jehová y quien fue engrandecido materialmente por Dios, fraguó una alianza política con Acab, el peor de los reyes, por lo que fue reprendido por el vidente Jehú: «... ¿al impío das ayuda, y amas a los que aborrecen a Jehová?...» (2 Crón. 19:2).

Es interesante notar que dicha alianza política fue un derivado del matrimonio mixto que había contraído con la hija del rey Acab (2 Crón. 18:1-3). Las concesiones a nuestros principios nunca vienen aisladas.

La presión social

Los reyes no estuvieron exentos del «temor del hombre». Hubo incontables casos de flaqueza de corazón frente a esta seductora influencia.

El bramido idólatra del pueblo derritió la entereza de **Aarón**. La presión de los reyes circunvecinos motivó a **Salomón** a establecer alianzas mediante un numeroso harén de princesas para congraciarse con enemigos potenciales. **Roboam** fue movido por la opinión de los jóvenes nobles a adoptar una pésima política de mando. **Joás** consintió al complot en contra de la vida del hijo de Joiada (quien había arriesgado su vida para salvaguardar la vida del niño rey) y además abandonó la adoración en el templo de Dios que por años había invertido para reconstruir y mantener, y todo por doblegarse ante la presión de los lambiscones que lo rodeaban. Terminó en las más reprobables de las idolatrías.

El corazón humano es tan altamente susceptible al mal como poco maleable para el bien. Tiene un alto índice de maleabilidad ante las malas influencias y de dureza ante las buenas.

La soberbia

La **soberbia** fue otra de las influencias engañosas, pues genera alucinaciones de prepotencia y delirios de omnipotencia. Tras la victoria en contra de Edom —lograda con la ayuda de Dios— Amasías avanzó en contra de Israel —superpotencia en contraste— contraviniendo el designio de Dios. Le salió el disparo por la culata pues terminó invadido, saqueado, secuestrado y, finalmente, asesinado.

Lo mismo pasó con el rey Uzías, cuya inventiva e industriosidad redituaron poder y grandeza salomónica. Le vino en poco ser rey y tuvo el atrevimiento sacrílego de servir en actos sacerdotales sin ser levita. Terminó desahuciado por la lepra.

La Escritura denuncia a la soberbia como uno de los más fuertes males del y para el corazón. El profeta Abdías, anticipando el juicio sobre Edom, denuncia el aire de intocables con el que se conducían: «La soberbia de tu corazón te ha engañado, tú que moras en las hendiduras de las peñas, en tu altísima morada; que dices en tu corazón: ¿Quién me derribará a tierra? Si te remontares como águila, y aunque entre las estrellas pusieres tu nido, de ahí te derribaré, dice Jehová» (Abd. 1:3-4).

El desenlace del corazón bajo los reyes

En suma, la monarquía no resultó ser la solución que Israel anticipaba. No revirtió los efectos de la caída del corazón, ni frenó la idolatría. Tanto el rey como el pueblo violaron el primer mandamiento sutil y después abominablemente. Comenzó con sucursales alternativas —lugares altos— para la adoración de Jehová, continuó con sitios consagrados a otros dioses como la deidad cananea Asera y los Baales. Terminó, por mano de Manasés, con la adoración de abominables deidades paganas adoradas en el templo mismo del único Dios vivo y verdadero.

La idolatría no fue un sacrilegio con consecuencias verticales únicamente; fue también la fuente de las consecuencias horizontales: toda clase de decadencia social. En las biografías reales, el preámbulo. «He hizo lo malo ante los ojos de Jehová» es acompañado de todo un repertorio de maldades: homosexualidad y prostitución ritual (1 Rey. 14:24; 2 Rey. 23:7), y sacrificios humanos a Moloc, deidad Asiria. Y, según Isaías, homicidios, robos, sobornos, opresión a los pobres y desconsideración para los débiles. Y todo con descaro total. El pecado ya no era disimulado, sino ostentado: «... no lo disimulan...» (Isa. 3:9), «con ojos desvergonzados» (Isa. 3:16).

La era de los reyes demuestra la insensatez del corazón humano. Antes de escoger la verdadera adoración que trae prosperidad, preferían adorar a los ídolos de las naciones que los habían oprimido, verdadera tontería. Así tenemos a Roboam, que ignoró las victorias del Dios de Israel en manos de David —su abuelo— sobre los dioses de las naciones paganas (como los amonitas, 1 Crón. 20:1) y permitió que el pueblo les rindiera adoración (1 Rey. 14:22).

Solo David de entre los reyes fue un hombre con corazón tras de Dios. Los demás rigieron a otros con el cetro, pero no consiguieron gobernar su propio corazón. La monarquía resultó ser una pesadilla más que un sueño. El pueblo siempre caminó al compás de su rey. En ningún momento fue el pueblo más santo que su rey, aunque sí más corrupto.

El corazón de Israel bajo los profetas

El oficio de profeta era netamente espiritual. De hecho, durante el periodo de los jueces, el título «hombre de Dios» era un equivalente de *nabi*, profeta. Eran los portavoces de Dios. No ingresaban al ministerio como un pastor, por voto popular o aspiración interna: era por el soberano llamado de Dios.

El objetivo presupone su llamado a la pureza y la integridad. Su estilo de vida promovía la virtud. Vivían alejados de fines políticos, apartados del lujo, fuera del alcance de la vanidad real; exentos de las presiones de adversarios políticos de un rey y de las demandas populares. Llevaban en su pulso una misión netamente espiritual; tenían por agenda única de trabajo la guía espontánea de Dios. Y además sus proclamaciones no eran adivinanzas inofensivas: dictaban el porvenir, construían la historia, como el caso de Elías, Eliseo y Samuel (Jer. 1:5). En resumen: vivían rodeados de condiciones ideales para el cultivo de la santidad en el corazón.

Con todo, la virulenta corrupción del corazón se metastatizó en el oficio profético, dando lugar a una decadencia que redujo el oficio sagrado a un puñado de profetas íntegros.

La tarea del oficio profético se transformó: pasó de ser de apoyo y guía real a una de oposición a los caprichos reales. Los reyes corruptos tachaban a los profetas fieles de siervos antipatriotas, desleales. Como Enrique VIII cortó con el papa y se declaró cabeza de la iglesia para conseguir la anulación de su matrimonio con Catalina de Aragón, así los reyes malos desechaban la voz de Dios.

Y aunque no escuchaban la voz de Dios, sí les interesaba la apariencia de vivir bajo la guía divina. Esta tensión dio lugar a una nueva estirpe de profetas hechos a «imagen y semejanza» de sus caprichos reales. Profetas profesionales cuya función fue dar apariencia de aprobación divina a cada gusto real.

Interesantemente, esta nueva ocupación ya existía en las culturas paganas circunvecinas. La religión cananita, con su elenco de dioses, contaba con la voz de sus profetas con una motivación y práctica contraria al Dios de Israel. La población de estos profetas paganos no era pequeña, como lo ilustra el encuentro entre Elías y los 450 profetas de Baal. La corte real, tanto de Israel como de Judá, fue abriendo cada vez más las puertas a estos invasores.

Con esto, la atmósfera de trabajo de los profetas fidedignos cambió de proclamación a debate, como en el caso de Miqueas. El enfrentamiento entre el profeta fiel y el falso era sumamente desgastador para el alma del verdadero profeta. Jeremías gemía: «A causa de los profetas mi corazón está quebrantado dentro de mí, todos mis huesos tiemblan; estoy como un ebrio, y como hombre a quien dominó el vino, delante de Jehová, y delante de sus santas palabras» (Jer. 23:9).

Estos falsos profetas eran optimistas con un mensaje siempre gratificador: «Así ha dicho Jehová de los ejércitos: No escuchéis las palabras de los profetas que os profetizan; os alimentan con vanas esperanzas; hablan visión de su propio corazón, no de la boca de Jehová» (Jer. 23:16).

La corrupción en el oficio profético creció de tal forma que algunos profetas sustituyeron al Espíritu de Dios por la magia (Ezeq. 13:17-23). Con sus pronunciaciones menoscababan al pueblo de Dios entristeciendo con mentiras el corazón del justo y fortaleciendo las manos del impío (Ezeq. 13:21). Sus palabras correspondían a la corrupción de su propio corazón: «Porque tanto el profeta como el sacerdote son impíos; aun en mi casa hallé su maldad, dice Jehová» (Jer. 23:11), «y en los profetas de Jerusalén he visto torpezas; cometían adulterios, y andaban en mentiras» (Jer. 23:14).

Con todo, aun en los tiempos de gran corrupción, Dios no permitió la extinción del ministerio profético. Hubo reformadores con verdaderas agallas espirituales, como Elías, que enfrentó a los falsos profetas de Baal, y otros voceros fieles, como Isaías, Jeremías o Ezequiel. No importa cuán negro se torne el corazón del hombre, Dios sigue siendo el que dicta el «hasta aquí».

El corazón de Israel bajo los sacerdotes

Israel no fue constituida por Dios como una nación política sino espiritual. Su epicentro no era el palacio del rey sino el templo de Dios; no se trataba de una monarquía, sino de una teocracia. De ahí que los ministros más importantes no provenían de la corte real sino del sistema sacerdotal. Las instrucciones en el Pentateuco acerca de los profetas fueron breves; la de los reyes, aún más. En cambio, al sistema sacerdotal le es dedicado todo el libro de Levítico.

La sociedad de hoy ve a un sacerdote como un tipo raro, desadaptado en lo social. Se lo respeta por su asociación con la religión, pero está lejos de ser una posición envidiada en el mundo. En el reino de Dios, el sacerdote es todo lo contrario. El sacerdocio era un trofeo escatológico para ser perfilado entre las naciones, privilegio de privilegios (Isa. 61:5-6). De ahí que, de los tres oficios, el sacerdocio debía brillar por su consagración. Contaban con el sostén financiero de las tribus de Israel para dedicarse sin interferencia al santo oficio y evitar «enredarse en los negocios del mundo». De ahí que el sacerdote debía exudar santidad: debía ser santo a su Dios (Lev. 21:7). La mitra que llevaban sobre la cabeza tenía grabado por lema «SANTIDAD A JEHOVÁ». Como cirujanos antes de entrar al quirófano, debían pasar por rituales de purificación para escapar de los contaminantes del mundo.

Con todo, el sacerdocio no pudo mantenerse hermético; desde sus inicios, el pecado comenzó a infiltrarse. Nadab y Abiú, de la primera generación de sacerdotes, ofrecieron fuego extraño y fueron fulminados por Dios de inmediato. Los hijos de Elí eran profanos de ligas mayores: cometían descaradamente fornicación en el contexto mismo de sus actividades sagradas (1 Sam. 2:22).

Con la precipitación de la apostasía en el sacerdocio, con el tiempo vino el gran desliz de las diez tribus del norte. Jeroboam reemplazó enteramente el sacerdocio levítico por uno hecho a la imagen y semejanza de las naciones. Así lo denunció el rey Abías: «¿No habéis arrojado vosotros a los sacerdotes de Jehová, a los hijos de Aarón y a los levitas, y os habéis designado sacerdotes a la manera de los pueblos de otras tierras, para que cualquiera venga a consagrarse con un becerro y siete carneros, y así sea sacerdote de los que no son dioses?» (2 Crón. 13:9).

Con el paso del tiempo, ni aun el sacerdocio levítico pudo evitar la decadencia. Josías se propuso reformar un sacerdocio doblemente idólatra, pues rendían culto a los ídolos paganos en los lugares altos y también profanaban el templo de Jehová con ídolos abominables. «Hizo también sacar la imagen de Asera fuera de la casa de Jehová, fuera de Jerusalén, al valle del Cedrón, y la quemó en el valle del Cedrón, y la convirtió en polvo, y echó el polvo sobre los sepulcros de los hijos del pueblo. Además, derribó los lugares de prostitución idolátrica que estaban en la casa de Jehová, en los cuales tejían las mujeres tiendas para Asera» (2 Rey. 23:6-7). Lamentablemente, los 13 años de reforma fueron insuficientes para extraer la idolatría que había entre ellos. Josías pudo abolir la idolatría externa, pero Judá no cambió de corazón: «... Judá no se volvió a mí de todo corazón sino fingidamente, dice Jehová» (Jer. 3:10).

Por esto, en vísperas del exilio, los sacerdotes se convirtieron en uno de los blancos del juicio inminente de Dios por su insoportable e irreversible maldad. Los sacerdotes, supuestos colaboradores del profeta, se convirtieron en sus contrincantes; Jeremías mismo tuvo que darse a la lucha en contra de ellos (Jer. 1:18-19).

Aplicación

Todo puede corromper el corazón y el corazón puede corromperlo todo, incluso el liderazgo espiritual. Los líderes espirituales no son piezas esterilizadas, incontaminables. Tanto diáconos como líderes de jóvenes, consejeros, salmistas, maestros o pastores no son inmunes a la decadencia del corazón. Todo lo contrario: aquellos que más alto ascienden, más profundo suelen caer. El líder que no cuenta con la gracia de Dios y no cultiva su corazón es capaz de grandes pecados, aun de serios crímenes. ¡Increíble, pero cierto! Las cárceles de nuestra sociedad no están exentas de pastores presos, no por lealtad al evangelio, sino por la comisión de crímenes en contra de la iglesia y de la sociedad. Si tú eres ministro del evangelio, tienes que saber que el mayor peligro en el ministerio no son sus opositores, sino el dejar de cultivar tu corazón.

Es arriesgado pensar que por ocupar una posición «oficial» en el reino como la de pastor o diácono, y el verse rodeado de éxito, podemos poner nuestro crecimiento espiritual en «piloto automático» y asumir que nuestra vida espiritual se cultivará por sí sola. En un blog titulado «¿Estás en la mitad del tiempo peligroso?», Tim Challies escribe:

> He sido cristiano el tiempo suficiente para ver caer a más hombres de los que debería. Esto he observado: a menudo los que parecían estar en su mayor momento de éxito eran los que estaban al borde del precipicio. Como ciegos a punto de caer por un acantilado, no se dieron cuenta de su destino inminente. No prestaron atención a las advertencias de Dios en ese tiempo intermedio. Durante un tiempo su ministerio prosperó. Se ganaron almas, se llenaron las sillas de la iglesia, se cambiaron vidas, se plantaron iglesias. Predicaron sermones poderosos en grandes conferencias y escribieron libros exitosos que llegaron a las listas de *bestsellers*. Miles o incluso millones de personas se maravillaron de lo que Dios había hecho y de lo que Dios estaba haciendo. Pero entonces se supo la noticia: es un adúltero en serie; es un abusador espiritual; es un mal

administrador financiero; se protegió a sí mismo ente-
rrando la depravación de alguien más. Su estrepitoso
accidente tuvo eco en todo el mundo.[7]

Triste coincidencia que durante la escritura de este libro salió
la escandalosa noticia de Ravi Zacharias y de las profundidades
de su caída. A pocos se les ha dado tener el intelecto que él
tuvo, la comprensión y la articulación de la verdad del evangelio
como a él. Pero, en algún momento, la verdad en su mente dejó
de alumbrar su corazón; en algún momento, optó por iluminar
su mente sin cultivar su corazón. Cuando hablé del líder que
dijo «la jornada más difícil de lograr tan solo mide doce pulga-
das: lograr que la verdad descienda de la mente al corazón», me
refería a él.

Las tres columnas ministeriales sobre las que descansaba la
teocracia —el sacerdocio, el oficio profético y el oficio real—,
pese a haber sido regidas por Dios mismo, fueron seriamente
agrietadas por la corrupción del corazón humano y, finalmente,
se derrumbaron.

La decadencia del pueblo de Dios

La gloria y la miseria del pueblo de Dios

Israel fue el pueblo más privilegiado sobre la tierra; el único
envuelto con el manto del amor adoptivo de Dios (Amós 3:2) y

---

7 Tim Challies, «*Are You in the Dangerous Time In Between?*»,
12 de julio de 2017, https://www.challies.com/articles/are-you
-in-the-time-in-between/.

arropado con Sus bondades. Con todo, el corazón de Israel nunca le correspondió con una entrega total a Dios. Desde Moisés hasta Sedequías —último rey de Israel antes del cautiverio— circularon vertientes turbias en su corazón que fueron el caudal de aguas negras que finalmente los arrastraron al cautiverio.

Los ídolos del corazón

La causa principal de la decadencia moral del pueblo fue la idolatría a los dioses de las naciones paganas. Era el dato determinante en las biografías de los reyes para clasificarlos. La moralidad o inmoralidad de nuestros actos derivan del Dios o dioses que adoramos. Siempre aspiramos a convertirnos en lo que adoramos.

El libro de la Sabiduría de Salomón, aunque apócrifo, lo resume bien:

> El culto a ídolos que no son nada
> es principio, causa y fin de todo mal[8]

Es fácil mover la cabeza en desaprobación al mirar el comportamiento de Israel ante los ídolos, hasta que comprendemos que cada ídolo es una corriente de influencias por resistir y que, si nos dejamos llevar por ella, aunque nunca entremos a un templo lleno de ídolos, nos postraremos igualmente ante ellos en nuestro corazón.

Estas son algunas de las fuerzas seductoras ante las que el pueblo de Dios sucumbió:

---

8 Lester L. Grabbe, *Wisdom of Solomon* (Reino Unido: T&T Clark, 1997), 59.

• *El apego ciego a los líderes*

El pueblo siguió a Salomón tanto cuando fue sabio como cuando fue idólatra. Las tribus del norte siguieron a ciegas a Jeroboam cuando instauró un centro de adoración alternativo. Asimismo, Judá no defendió la adoración autorizada en el templo de Dios, sino que participó de la idolatría de Roboam y la amplió más. Joram deshizo 60 años de fidelidad a Dios forjada por su padre y por su abuelo, y el pueblo no fue capaz de resistir su influencia (2 Crónicas 21:11-13). Cuando el apego a un líder es mayor que el apego a la verdad, este se transforma en un ídolo, cuyo culto arrastra a los demás a la idolatría.

• *La falta de lealtad espiritual del corazón*

Fue característico del corazón de Judá rendir un apego temporal a toda reconvención divina. Los votos de consagración ante Moisés (Ex. 24:7), Josué (Jos. 24:24), Joiada el sacerdote (2 Rey. 11:17) y Josías (2 Crón. 34:32) resultaron ser salidas en falso.

El profeta Jeremías contrastó la deslealtad del pueblo pese a las incesantes reconvenciones, con la lealtad de los recabitas, quienes, aun después de muerto, se apegaron a la instrucción de Jonadab su padre.

• *El pragmatismo*

En el Antiguo Testamento Dios fue celoso de una adoración tanto teocéntrica —centrada en Dios— como geocéntrica —circunscrita al tabernáculo/templo que Dios había designado—. El requisito geocéntrico fue profanado. Pues, junto con la central de adoración, surgieron sucursales, adaptaciones cómodas a la adoración de Dios.

Continuamente el corazón sacrifica en el altar de la comodidad. Preferimos asistir a la iglesia más cercana que a la más bíblica; concluimos la oración en cuanto comienza a cansarnos; leemos la Biblia cuando no interrumpe nuestro tiempo en las redes sociales; ofrendamos hasta donde no nos prive de nuestros gustos. El amor a la conveniencia es una ruta alternativa al camino de la verdad que muchas veces incomoda: «Las zorras tienen guarida, y las aves del cielo nido, mas el hijo del hombre no tiene donde poner su cabeza» (Mat. 8:20).

• La teología de la prosperidad

Poco se compara la prosperidad terrenal del pueblo de Dios con la de los paganos. El majestuoso templo de Salomón fue suntuoso para los judíos pero modesto frente al templo herodiano de tiempos de Jesús. Existieron reyes prósperos como David, Salomón, Josafat y Usías que inspiraron el respeto de las naciones; no obstante, constantemente el pueblo de Dios se sentía apocado ante sus enemigos como Egipto, Asiria y Fenicia, y continuamente enfrentó la amarga apariencia de que los falsos dioses, de alguna manera, brindaban una prosperidad a sus naciones que el verdadero Dios no parecía igualar.

Si queremos dominar la codicia del corazón, debemos inculcar la plusvalía de la herencia espiritual y la minusvalía del materialismo terrenal ante la eternidad. Satanás, el dios de este mundo, cuenta con una gloria material capaz de deslumbrar a cualquier cristiano. Asaf el salmista (Sal. 73) batalló con esta realidad. Cuando fijó sus ojos en su realidad cotidiana, estuvo a punto de abandonar a Dios. No fue sino hasta que Dios abrió sus ojos a la gloria de las realidades espirituales que el descontento de su corazón se levantó.

• *La intangibilidad de Dios*

Esta es una influencia casi desconocida en la sociedad tecnócrata en la que vivimos. En la era del Antiguo Testamento, los judíos tenían que enfrentar la burla pagana de la intangibilidad de Jehová en el templo. Mientras que los templos paganos estaban llenos de estatuas de fina labranza de sus dioses, en el templo judío existía un vacío que para los turistas paganos resultaba inverosímil e irrisorio. Era difícil aceptar y adorar la grandeza del Dios ausente.

Esta es una presión real aun en la vida de eminentes cristianos. En esto existió división entre Calvino y Lutero. Calvino era un iconoclasta que favorecía la adoración netamente espiritual, sin ayudas visuales. Aunque Lutero se oponía a la adoración de imágenes, pensaba que eran de ayuda:

> Si no es un pecado, pero es bueno tener la imagen de Cristo en mi corazón, ¿por qué debería ser un pecado tenerla en mis ojos?[9]

• *La prosperidad de los negocios*

La prosperidad del comercio presentó también dificultades para el corazón. Aparte de la influencia de sus mujeres, la idolatría de Salomón en la última etapa se debió a la necesidad de preservar

---

9 Martin Luther, Jaroslav Pelikan, Hilton C. Oswald y Helmut T. Lehmann, *Luther's Works, Volume 20* (San Luis, MO: Concordia Publishing House, 1973), 84.

todas las líneas de comercio abiertas. Para esto era necesario una atmósfera religiosa más cosmopolita, abierta a los cultos de otras naciones que comerciaban con Israel; una religión sincretista que, aunque no negara al Dios de Israel, abriera paso a otras deidades.

• *El yugo desigual*

El yugo desigual afectó tanto al pueblo como a los reyes. Israel falló en despojar a las naciones paganas por completo según el mandamiento de Dios. Existía una convivencia con las naciones conquistadas, como los moabitas, edomitas, cananeos, quienes se rozaban cotidianamente con el pueblo de Dios e influenciaban a aquellos débiles de conciencia entre el pueblo.

• *Las tensiones políticas*

La política fue otra influencia que terminó por dividir al pueblo de Dios. Jehová redimió a Israel de Egipto para transformar doce tribus en una nación indivisible. No obstante, con el tiempo se vislumbró una separación entre las tribus del norte y Judá, junto con Benjamín. George L. Robinson bien subraya esta realidad:

> La disrupción del reino no fue la obra de un día, sino un crecimiento de un siglo.[10]

---

10 Desde los días de los Jueces, el norte y el sur no habían logrado la unidad que Dios había destinado en una nación. Entre las tribus que lucharon junto con Débora en contra de Sisera en Jueces (Jue. 4, 5) no hubo mención de Judá. La geografía misma no ayudó a consolidar la unión. Jerusalén y Gabaón eran ciudades dominadas por los cananeos hasta el tiempo de David; estas, más que unir, dividían el territorio del norte del territorio del sur. Asimismo, la mayoría de los líderes antes de

Esta fisura fue la grieta entre el norte y el sur, que se agrandó con la amenaza del régimen de mano dura de Roboam. El corazón caído incuba embriones que, tan pronto se dan las condiciones idóneas, debutan como monstruos. La división de las doce tribus del norte fue una verdadera tragedia histórica del pueblo de Dios. La paz entre las tribus cambió a hostilidad, guerra y permanente enemistad, hasta la completa desintegración de las diez tribus del norte.

• *La prosperidad económica*

Esta fue una de las más poderosas fuerzas seductoras que se dejó sentir tanto en el reinado de Salomón como en el de Uzías. Durante su reino, el nivel sociopolítico de Judá escaló, el poderío militar aumentó, las defensas fueron fortificadas, las artes y el comercio florecieron. Agrónomo como era, procuró toda clase de avances en la agricultura (2 Crón. 26:10), enriqueció a la nación (Isa. 2:7) y restauró el honor del pueblo frente a las naciones mayores. Judá encaraba un destino de gloria, diametralmente

---

David (Josue, Barac, Gedeón, Samuel y Saúl) no eran de Judá sino de otras tribus del norte. Para muchos era displicente tener una dinastía de reyes del sur, al que consideraban distanciado. La misma historia de Saúl y David hace referencia a la distinción entre Israel y Judá, y deja vislumbrar una división psicológica. El reino de Salomón abrió más la fisura por la imposición de fuertes impuestos, trabajos forzados y la extravagancia de su reino, que fomentaron en el corazón de las tribus del norte un espíritu de deslealtad y celos que cuando encontró la oportunidad de la imprudencia de Roboam fue como un cerillo que encendió el fuego y consumó la trágica división ya soberanamente dispuesta por el juicio de Dios. (George L. Robinson, *Leaders of Israel: A Brief History of the Hebrews from the Earliest Times to the Downfall of Jerusalem, A.D. 70* (Association Press, 1906), 151).

opuesto al inminente colapso que se cernía sobre las diez tribus del norte.

Lejos de producir una reacción de agradecimiento por esta prosperidad, fomentó la soberbia en Uzías[11] y en la nación un afán por el placer y el lujo entre el pueblo. Georg H. Ewald comenta:

Particularmente entre las mujeres en la capital, había una insensata predilección por gustos, costumbres y supersticiones extranjeras de toda clase, de la que ni aun algunos de los líderes de la nación se libraron.[12]

El profeta Isaías describe el desfile de vanidad femenino de la época (Isa. 3:16).

• *El sincretismo*

El sincretismo es la integración de prácticas paganas al culto al Dios vivo y verdadero. Después de la caída de Samaria, para rebajar el potencial judío, gran parte de ellos fueron intercambiados por gente de pueblos leales a Asiria. Con estos pueblos vinieron sus dioses, que fueron instalados en los lugares altos y su incienso mezclado con el culto a Jehová: «Temían a Jehová y adoraban a sus dioses...» (2 Rey. 17:33; Sof. 1:5).

Este flagrante sincretismo fue el debut público del más discreto pero practicado por siglos. La observación de Charles Ryrie es atinada: «Aunque se les ordenó destruir los ídolos de Canaán,

---

11 Claramente se vio en su intento de tomar el oficio sacerdotal y ofrecer sacrificios.

12 Georg Heinrich Ewald, *The History of Israel, vol. 4: From the Disruption of the Monarchy to Its Fall* (Longmans, Green, and Company, 1878), 167.

los israelitas se rebelaron (Jue. 2:12, 14) y más bien canaanizaron la adoración de Jehová».

El colmo de la idolatría y el juicio de Dios

La decadencia desatada por la idolatría de Judá desató una decadencia moral rampante que superó aun a las naciones paganas circunvecinas (Ezeq. 5:6-7). Los cargos presentados por los profetas revelan siniestros pecados: decadencia y profanación del sistema religioso (Amós 2:4); violencia persistente por cientos de años (2 Rey. 21:16; Isa. 1:15; Jer. 2:34; Miq. 2:2); adulterio (Jer. 23:14); robo (Sof. 1:9); un gobierno de explotación antes que de servicio a sus ciudadanos (Isa. 1:15) y un comercio prostituido (Isa. 1:21).

Esta obscena idolatría hizo que la ira de Dios se derramara sobre ellos hasta su ruina:

> No destruyeron a los pueblos
> Que Jehová les dijo;
> Antes se mezclaron con las naciones,
> Y aprendieron sus obras,
> Y sirvieron a sus ídolos,
> Los cuales fueron causa de su ruina (Sal. 106:35-36).

El azote fue un golpe en etapas. Comenzó con la división entre Judá e Israel, seguido por el cautiverio y la disolución de Israel dentro del pueblo asirio y culminó con el duro cautiverio babilónico.

Todo a pesar de la ominosa advertencia de Dios en Deuteronomio 28:66-67: «... estarás temeroso de noche y de día, y no tendrás seguridad de tu vida. Por la mañana dirás: ¡Quién diera que fuese la tarde! y a la tarde dirás: ¡Quien diera que fuese la mañana! por el miedo de tu corazón con que estarás amedrentado, y por lo que verán tus ojos».

Aplicación

La idolatría es la expresión tangible de los ídolos intangibles del corazón. Y, a diferencia de los ídolos de piedra, los del corazón viven para adueñarse del corazón, para endurecerlo y ensordecer la voz de Dios. Así lo describió Zacarías: «Pero no quisieron escuchar, antes volvieron la espalda, y taparon sus oídos para no oír; y **pusieron su corazón como diamante**, para no oír la ley ni las palabras que Jehová de los ejércitos enviaba por su Espíritu, por medio de los profetas primeros; vino, por tanto, gran enojo de parte de Jehová de los ejércitos» (Zac. 7:11-13, énfasis añadido).

El corazón del pueblo de Dios después del cautiverio

El látigo de 70 años de cautiverio consiguió un Israel quebrantado, que despreciara la idolatría y amara al Dios verdadero. El castigo consiguió ser el remedio a la idolatría. Según H. F. B. Compston:

El exilio marca prácticamente el fin de la idolatría hebrea. La lección se había aprendido de corazón. Una prueba sobresaliente del gran cambio es dada por la guerra macabea, causada por el intento de Antíoco Epífanes de forzar la idolatría sobre la misma nación

que en un período anterior había sido demasiado pro-
pensa a aceptarla.[13]

Pero, lamentablemente, la renuncia al culto de los falsos dioses no implica el amor por el verdadero. En esta etapa, el poco
apetito por las cosas de Dios fue más notorio que su celo por Él.
El profeta Zacarías abre su profecía con un llamado al arrepentimiento. Enfrenta al pueblo con la posibilidad de recaer en el
juicio de Dios, de reproducir la indiferencia de sus padres ante
los profetas (Zac. 1:1-6) y de endurecer su corazón como sus ante-
pasados (Zac. 7:10).

Nehemías, asimismo, con voz estentórea, reprendió la apatía
espiritual y la usura rapaz que había llevado al pueblo a oprimir a
sus hermanos, mostrando mayor afán por la prosperidad personal
que por tener un espíritu comunal (Neh. 5:6-13), de modo que
el mismo sustento de los sacerdotes se vio socavado, obligando a
algunos a abandonar su sagrado empleo.

El profeta Hageo reprendió el materialismo y la concentración
en la prosperidad personal, y los convocó a renovar su pacto con
Dios y avivar el celo por la obra de Dios con devoción indivisible
(Hag. 1:4ss.). Y a, literalmente, ponerle corazón al asunto.[14]

Recién llegado a Jerusalén, Esdras enfrentó una situación
aún más alarmante. Todo el pueblo de Israel y sus sacerdotes se
unieron en yugo desigual a las mujeres de los pueblos paganos
y comenzaron a practicar sus abominaciones. En su oración de

---

13 James Hastings, John A. Selbie, Andrew B. Davidson y Samuel
Rolles Driver, *A Dictionary of the Bibles* (Charles Scribner's Sons, 1911–
1912), 376.

14 O, como dice la Biblia Textual, «aplicad vuestro corazón».

intersección Esdras no hizo distinción alguna entre los pecados del pueblo anteriores al cautiverio y los posteriores a este: «Desde los días de nuestros padres hasta este día hemos vivido en gran pecado...» (Esd. 9:7). Esdras temía que la misericordia de Dios se agotara, pues si bien Dios había dejado un remanente, ahora, al reincidir en los antiguos pecados, peligraba de ser borrado del planeta. Osadamente, lideró anulaciones matrimoniales en masa para que la ira de Dios se alejara de ellos.

Con todo, quedaba un episodio digno de reencender el fuego espiritual de la nación: la finalización del templo y la reanudación de los cultos interrumpidos por la dolorosa caída de Jerusalén y el odioso cautiverio en Babilonia. Este acontecimiento se dio durante el ministerio profético de Malaquías, el postrero de los profetas. Sin duda, hubo un gran sentido de anticipación por la reinauguración del templo, pero el entusiasmo fue una efervescencia pasajera que vino y fue. Con el tiempo, prevaleció la apatía, el corazón de doble ánimo, la indecisión de consagrarse a Dios (Mal. 2:1-2).

Brotaron problemas paralelos a la época de Nehemías y Esdras: robo a Dios en la carencia de diezmos. Matrimonios mixtos (con el agravante de divorcio y adulterio para consumarlos) con paganos: «... hija de dios extraño» (Mal. 2:11). Hechicería (a Jezabel se le atribuye esto en 2 Rey. 9:22). Malaquías termina el A.T. anunciando el juicio arrasador de Dios sobre esa generación, aunque a lo lejos destella el «Sol de justicia» venidero que al fin reformaría el corazón del pueblo de Dios.

CAPÍTULO 4

El fracaso del corazón humano

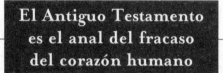

El Antiguo Testamento es el anal del fracaso del corazón humano

HABÍA UN HOMBRE EN INGLATERRA que se hizo famoso por su vida disoluta. Se lo describió como «profano, pródigo y adicto a la embriaguez». De hecho, su reputación era tan mala que, en una ocasión, una mujer de su ciudad amenazó a su hijo desobediente con entregarlo a este hombre como castigo. ¿Conoces la identidad de este personaje? Se trata de William Perkins, quien que se ganó el sobrenombre del «Calvino de Inglaterra».

Como en este caso, Dios muchas veces no obra sino hasta que no hay esperanza. En situaciones de «esperanza contra esperanza» es cuando actúa. Esto mismo hizo con Su pueblo.

El Antiguo Testamento es el anal del fracaso del corazón de Su pueblo. No es que Dios los abandonó. Desde la primera hasta la última página, Dios tendió Su mano para ayudarlos, pero en vez de asirla se hundieron en la arena movediza de sus corrupciones predilectas.

No importó que el diluvio ahogara a la humanidad antigua, o que la ley de Dios sacudiera al pueblo en el Sinaí, o que el sudor bañara al pueblo durante el árido peregrinaje, o que la sangre chorreara en las batallas por la tierra prometida. Ni siquiera la concesión de un rey según sus anhelos o la bendición del ministerio de los sacerdotes y profetas lograron transformar sus corazones. Incluso el duro castigo del cautiverio no fue suficiente. En resumen: **ni las maldiciones repartidas ni las bendiciones concedidas** pudieron quebrantar la dureza de su corazón y limpiar su corrupción. Se comportaron como los judíos en el tiempo de Cristo, a quienes él condenó diciendo: «Os tocamos flauta, y no bailasteis; os endechamos, y no lamentasteis» (Mat. 11:17). El mal cardíaco del hombre es incurable con esfuerzo humano. Gerrit Cornelis Berkouwer, citando al filósofo Immanuel Kant,[1] escribió:

> Es una perversión del corazón, un mal congénito que radicalmente profundiza tanto que es inútil esperar la salvación por medio de un mejoramiento gradual del hombre.[2]

El corazón del hombre no pudo cambiar, pero lo bueno es que el corazón de Dios tampoco puede cambiar. Desde el principio, Dios tuvo buenas intenciones para con el hombre y estas **nunca cambiaron** aun después de ser colmado de decepciones. En el Edén Dios creó al hombre para ser portador de

---

1 No estaba de acuerdo con los filósofos que afirmaban la bondad esencial del hombre.

2 Gerrit Cornelis Berkouwer, *Studies in Dogmatics: Man: The Image of God* (Eerdmans, 1962), 122-123.

su imagen, gema de la creación. Y aunque el hombre prefirió ser joya de podrido esplendor, Él desde el principio se propuso restaurarlo, aun si por la dureza del corazón tuviera que recrearlo para lograrlo.

Su propósito se vislumbra en Génesis 3, cuando declaró que la simiente de la mujer aplastaría la cabeza del tentador. Las páginas restantes del Antiguo Testamento glorifican los detalles de la salvación eterna preparada por Dios como un contraste a la interminable serie de fracasos humanos, hasta que al fin se revela el nuevo pacto a detalle, el único antídoto capaz de sanar el corazón humano y obrar un verdadero y permanente cambio:

Ezequiel 36:26-27 (RVR60) — *Os daré corazón nuevo, y pondré espíritu nuevo dentro de vosotros; y quitaré de vuestra carne el corazón de piedra, y os daré un corazón de carne. Y pondré dentro de vosotros mi Espíritu, y haré que andéis en mis estatutos, y guardéis mis preceptos, y los pongáis por obra.*

Jeremías 31:33-34 (RVR60) — *Pero este es el pacto que haré con la casa de Israel después de aquellos días, dice Jehová: Daré mi ley en su mente, y la escribiré en su corazón; y yo seré a ellos por Dios, y ellos me serán por pueblo. Y no enseñará más ninguno a su prójimo, ni ninguno a su hermano, diciendo: Conoce a Jehová; porque todos me conocerán, desde el más pequeño de ellos hasta el más grande, dice Jehová; porque perdonaré la maldad de ellos, y no me acordaré más de su pecado.*

El nuevo pacto no trata de una nueva situación, sino de un nuevo corazón. El remedio es revolucionario, ¡pues a quién se le habría ocurrido en la antigüedad el concepto de un trasplante! Pero más que un concepto avanzado, el nuevo pacto nos habla de algo tan radical como la creación, de donde todo vino de la nada.

Y así es un acto de recreación, *palingenesia*, traducido «regeneración»; es el «génesis de vuelta».

El nuevo nacimiento no es la restauración del corazón, pues desde la caída del hombre el corazón humano quedó desahuciado, intratable. A Dios le tomó regresar al escritorio de la creación y escribir un nuevo génesis. Históricamente esto sucedió el día de Pentecostés. Sinclair Ferguson traza un paralelo entre Sinaí y Pentecostés:

> Moisés había ascendido a la montaña. Cuando descendió, tenía en su poder los Diez Mandamientos, la ley de Dios. Cristo también había ascendido recientemente. En Pentecostés él baja, no con la ley escrita en tablas de arcilla, sino con el don de su propio Espíritu para escribir la ley en los corazones de los creyentes y, por su poder, permitirles cumplir los mandamientos de la ley.[3]

Estudiemos más a fondo la patología del corazón caído y la transformación del corazón regenerado.

La anatomía del cambio

La anatomía del corazón caído: los términos utilizados

La depravación del corazón humano se encuentra en porciones desperdigadas a lo largo del A.T., pero no es sino hasta la revelación del N.T. que encontramos una sistematización de esta verdad.

---

3 Sinclair B. Ferguson, *The Holy Spirit: Contours of Christian Theology* (IVP, 1996), 61.

La negrura del corazón descrita en Génesis 6:6 es reiterada por Jesús al atribuir al corazón la fuente de todo género de maldad: «Porque del corazón salen los malos pensamientos, los homicidios, los adulterios, las fornicaciones, los hurtos, los falsos testimonios, las blasfemias» (Mat. 15:19). Asimismo, por la predicación de Esteban, quien tacha a los judíos agresores de «¡duros de cerviz, e incircuncisos de corazón y de oídos!» (Hech. 7:51).

Pero es Pablo el que, de forma más sistemática, describe el cuadro completo de la depravación del hombre. Para hacerlo, cubre toda una gama de aspectos de la naturaleza humana; todos ellos ligados al corazón.

· La carne

La carne no es exactamente un sinónimo del corazón. El término es más amplio y puede abarcar aun el cuerpo humano completo (1 Cor. 15:38-39). No obstante, el corazón y la carne son insepara-bles: «Nuestras cartas sois vosotros, escritas en nuestros corazo-nes, conocidas y leídas por todos los hombres; siendo manifiesto que sois carta de Cristo expedida por nosotros, escrita no con tinta, sino con el Espíritu del Dios vivo; no en tablas de piedra, sino en **tablas de carne del corazón**» (2 Cor. 3:2-3, énfasis añadido).

· El cuerpo

Dependiendo del contexto, este término suele ser más amplio que el de carne. Cuando ambos son usados para describir conceptos de pecado, la carne parece el factor incitador: «Tales cosas tienen a la verdad cierta reputación de sabiduría en culto voluntario, en humildad y en **duro trato del cuerpo**; pero no tienen valor alguno contra los **apetitos de la carne**» (Col. 2:23, énfasis añadido).

• *Los miembros*

Los miembros del cuerpo son, asimismo, incitados por la carne: «Porque mientras estábamos en la carne, las pasiones pecaminosas que eran por la ley obraban en nuestros miembros llevando fruto para muerte» (Rom. 7:5).

• *El viejo hombre*

El viejo hombre figura como inseparable del cuerpo de pecado (Rom. 6:6). En Efesios abarca tanto al entendimiento como el corazón endurecido (Ef. 4:17-22).

• *La mente (entendimiento)*

Figura cerca de término para corazón en Efesios 4:18. Anteriormente, se ha establecido que el corazón opera también cognitivamente, tanto en al Antiguo como en el Nuevo Testamento, con la distinción de que con el vocabulario expandido del Nuevo Testamento se utilizan términos más específicos, pero que no anulan la actividad cognitiva que le atribuye al corazón en ambos testamentos.

• *La conciencia*

La conciencia, asimismo, convive con el corazón (1 Tim. 1:5). Es el inseparable inspector de las intenciones del corazón (1 Cor. 4:4-5).

La conciencia no es un órgano completamente separado del corazón con el que los hombres creen. La conciencia expresa la riqueza de la vida en comunión con Dios y la perspectiva de la salvación, que resuena en las regiones más profundas del corazón y la vida del hombre.[4]

Como se puede apreciar, todos estos componentes están entrelazados con el corazón. Cada uno de ellos se vio trastornado por la caída del hombre y contribuye a tener una imagen correcta de la totalidad de la depravación que requerían las medidas drásticas del nuevo pacto.

Las atrofias por la depravación humana

La depravación del corazón con todas sus conexiones incluye:

• *Un mal universal*

Entre las visiones del corazón no existe una más macabra que Romanos 3:10-18. Usando la lente del Antiguo Testamento, Pablo pone el corazón bajo el microscopio y muestra diversas patologías que pocos hombres aceptarían como un fiel retrato de ellos.

No hay justo, ni aun uno;
No hay quien entienda,
No hay quien busque a Dios.
Todos se desviaron, a una se hicieron inútiles;
No hay quien haga lo bueno, no hay ni siquiera uno.
Sepulcro abierto es su garganta;
Con su lengua engañan.
Veneno de áspides hay debajo de sus labios;
Su boca está llena de maldición y de amargura.

---

4 Gerrit Cornelis Berkouwer, *Studies in Dogmatics: Man: The Image of God* (Eerdmans, 1962), 173.

Sus pies se apresuran para derramar sangre;

Quebranto y desventura hay en sus caminos;

Y no conocieron camino de paz.

No hay temor de Dios delante de sus ojos (Rom. 3:10-18).

Junto con la corrupción salta la universalidad del mal; nadie se escapa. Versículo 10: «Ni aún uno...». Versículo 11: «No hay quien...». Versículo 12: «Todos se desviaron...», «...no hay quien haga lo bueno...» (Rom. 3:23). Esta universalidad de culpa y corrupción es la tinta del famoso versículo evangelístico: «Por cuanto **todos** pecaron y están destituidos de la gloria de Dios».

• Un mal de nacimiento

El mal del corazón es congénito. No viene por contagio, sino que viene desde el nacimiento. Corre de generación en generación desde Adán. Pablo lo establece en Rom. 5:12; David lo percibe en su propia experiencia: «He aquí, en maldad he sido formado, y en pecado me concibió mi madre» (Sal. 51:5). Su pecado con Betsabé no fue una ocurrencia aislada, sino una iniciativa de su carne, pues como muchos predicadores han afirmado desde el púlpito: **no somos pecadores porque pecamos, sino que porque somos pecadores pecamos.**

• Una corrupción honda

La corrupción del corazón no es una manchita que sale con frotar ligeramente. Según Jeremías es un mal «grabado con cincel de hierro y con punta de diamante» (Jer. 17:1). Es lo peor de lo peor: «Engañoso es el corazón más que todas las cosas, y perverso; ¿quién lo conocerá?» (Jer. 17:9).

Pablo califica al corazón como pecaminoso en sobremanera, pues, además de ser hipersusceptible al mal, es capaz de convertir el impulso santo de la ley y generar pecado: «¿Luego lo que es bueno, vino a ser muerte para mí? En ninguna manera; sino que el pecado, para mostrarse pecado, produjo en mí la muerte por medio de lo que es bueno, a fin de que por el mandamiento el pecado llegase a ser sobremanera pecaminoso» (Rom. 7:13). «Y yo sin la ley vivía en un tiempo; pero venido el mandamiento, el pecado revivió y yo morí» (Rom. 7:9). En otras palabras: la administración de la medicina empeora la enfermedad del pecado.

Thomas Brooks ilustra la fuerza de este mal con la respuesta de Teotimus ante sus doctores:

> Cuando los médicos le dijeron a Teotimus que si no se abstenía de la embriaguez y la suciedad perdería los ojos, su corazón estaba tan embrujado por sus pecados, que respondió: «Entonces adiós dulce luz».[5]

Spurgeon fue brutalmente realista al describir la naturaleza humana caída:

> Es imposible calumniar la naturaleza humana pues es peor de como las palabras la pueden pintar. El hombre es un animal que peca. A menudo es un lobo para el

---

5 Thomas Brooks, *The Complete Works of Thomas Brooks, Vol. 1* (Edinburgh, 1866).

hombre, una serpiente para Dios y un escorpión para sí mismo.[6]

• Una incapacidad hacia el bien

La corrupción del corazón imposibilita las buenas obras para salvación. Como el que ha caído en arenas movedizas, cuanta más fuerza hace, más se hunde, menos avanza:

«Porque **lo que era imposible para la ley, por cuanto era débil por la carne,** Dios, enviando a su Hijo en semejanza de carne de pecado y a causa del pecado, condenó al pecado en la carne» (Rom. 8:3, énfasis añadido).

Pablo reitera la incapacidad total: «Por cuanto los designios de la carne son enemistad contra Dios; porque no se sujetan a la ley de Dios, **ni tampoco pueden**» (Rom. 8:7, énfasis añadido).

«"Todos se desviaron, a una se **hicieron inútiles**» (Rom. 3:12). En cuanto a la salvación, fuera de la gracia de Dios, somos unos inútiles totales.

El hombre está muy capacitado para hacer buenas obras, para hacer actos de bondad loables, pero su fuerza motriz no es la gracia de Dios, sino un esfuerzo humano nunca enfocado en la búsqueda de Dios, sino el crédito propio y el beneficio personal.

• Una atrofia mental

Existe un fenómeno perceptual llamado sinestesia por el que ciertas personas huelen los colores, o ven los sabores o tocan los

---

6 C. H. Spurgeon, *The Salt Cellars: Being a Collection of Proverbs, Together with Homily Notes Thereon* (Bellingham, WA: Logos Bible Software, 2009), 2:5.

sonidos. Algo parecido ocurre con las percepciones del corazón caído. Valora lo que debería despreciar; rechaza la verdad que debería recibir; complica lo sencillo de entender.

Así tenemos que el corazón de los perdidos considera la palabra de la cruz como locura (1 Cor. 1:18), y esto, según Pablo, aun en los griegos cuya manía era la búsqueda de sabiduría, pues, sin importar su raza, el hombre natural «no percibe las cosas que son del Espíritu de Dios, porque para él son locura, y no las puede entender» (1 Cor. 2:14). La palabra utilizada, *dexomai* (δέχομαι), en muchos contextos tiene la connotación de recibir, dar la bienvenida (ver Col. 4:10).

Es decir, el hombre natural no puede darle la bienvenida al evangelio, no lo puede acomodar en su corazón, no lo valora. No es tanto que no entienda la propuesta, sino que es displicente, repugnante; no aprecia el evangelio como la perla de gran precio por la cual con gusto uno se desprende de todo.

La raíz del problema no es neurológico, sino de la dureza y entenebrecimiento del corazón. Cuando los discípulos de Jesús lo toman por un fantasma al caminar sobre las aguas sin reconocer su identidad divina —demostrada por el episodio anterior de la multiplicación de los panes— Jesús atribuye su falta de comprensión a la dureza de sus corazones (Mar. 6:52). Esto es confirmado por otras porciones que ligan la ignorancia a la dureza de corazón (Ef. 4:18).

De hecho, la palabra dureza *porosis* (πώρωσις), que describe una «dureza impenetrable, como la dureza de los huesos e incluso la del mármol»,[7] es utilizada casi exclusivamente en el Nuevo

---

7 William Barclay, *Palabras griegas del Nuevo Testamento* (Casa Bautista de Publicaciones, 1977), 181.

Testamento para caracterizar al corazón. Connota un entonamiento parcial e incapacidad total de comprensión espiritual que atrofia la percepción. El evangelio, abrazado por los cristianos, es «cosas que ojo no vio, ni oído oyó, ni han subido en corazón de hombre...» (1 Cor. 2:9), mientras que el evangelio, rechazado por los judíos inconversos, fue «porque el corazón de este pueblo se ha engrosado, y con los oídos oyeron pesadamente, y sus ojos han cerrado, para que no vean con los ojos, y oigan con los oídos, y entiendan de corazón, y se conviertan, y yo los sane» (Hech. 28:27).

Los teólogos llaman a este fenómeno el efecto noético del pecado, descrito principalmente como oscuridad, ceguera mental, control del espíritu del dios de este mundo (Ef. 2:1-3). Así tenemos que no importa cuánto conocimiento tenga una persona, el corazón corrupto es más poderoso y obstruye pensamientos contrarios a sus intereses y manipula la mente incluso para satisfacer sus pasiones pecaminosas (Rom. 1:18-19). La mente es la marioneta del corazón. Por ende, la solución a la perdición del hombre jamás ha sido la educación, sino la transformación mediante la regeneración.

• *Una conciencia insensibilizada*

Dios creó al hombre con una conciencia, facultad innata que inculca un sentido del bien y del mal a todo ser sin importar su raza, cultura o formación. Thomas Watson, un teólogo puritano, describe la conciencia como el «predicador de Dios»[8] que

---

8 Thomas Watson, *Puritan Gems; Or, Wise and Holy Sayings of the Rev. Thomas Watson*, A.M., ed. John Adey, Second Thousand., (Londres: J. Snow, y Ward y Co.; Nisbet y Co.; E. F. Gooch, 1850), 25.

proclama la ley en la sala de nuestra mente, y también como un inspector que dictamina si nuestros pensamientos, pasiones, hechos, pensamientos, intenciones y actitudes que se conjugan en nuestra conducta merecen aprobación o condenación.

Con la caída del hombre, la conciencia se atrofió y cada pecado la estropea un poco más. El empeoramiento se describe como una cauterización en Efesios. El término tiene doble sentido. La piel del esclavo era cauterizada para indicar posesión, pero también se utilizaba como término médico para quemar (cauterizar) e insensibilizar la piel. Cuanto más peca el hombre, más se insensibiliza la conciencia, más se denigra el árbitro moral del corazón y más empeora el corazón para cometer pecados más serios y frecuentes: «Los cuales, después que perdieron toda sensibilidad, se entregaron a la lascivia para cometer con avidez toda clase de impureza» (Ef. 4:19). Cristo describió de lo que una conciencia cauterizada es capaz en la práctica: «... y aun viene la hora cuando cualquiera que os mate, pensará que rinde servicio a Dios...» (Juan 16:2).

En pocas cosas se manifiesta de forma más siniestra la insensibilidad de conciencia que en el aborto. Según los Centros para el Control y Prevención de Enfermedades, en los Estados Unidos han ocurrido aproximadamente 47 millones de abortos desde que se legalizó en 1973. La verdad más lógica y tierna de proteger a los más indefensos es anulada por el supuesto derecho que la mujer tiene sobre su propio cuerpo, lo que les hace afirmar como si fuera un hecho contundente que el feto dentro de ellas no es un ser humano.

Las mujeres y los hombres que las animan están dispuestos a terminar con una vida si esta causa inconveniencias a la madre para desarrollar su carrera, a valerse de esto como anticonceptivo. ¿Cómo se puede concebir que en un estado como Colorado y Georgia, que permiten el aborto, también declaren homicidio fetal cualquier acto que cause la muerte del feto? Esto solo puede suceder en una sociedad con una conciencia insensibilizada.

• *Una corrupción inescapable*

En las epístolas de Pablo se describe una interacción entre el hombre interior y el exterior encerrada en un ciclo decadente. La depravación del hombre corre entre ambos de una forma singular. Del corazón (hombre interior) brota una corriente pecaminosa hacia los miembros (el cuerpo), la cual, a su vez, bajo el dominio del pecado contagia al hombre interior con la enfermedad cuyo virus originalmente vino del corazón. Fuera de Cristo, este ciclo de enfermedad solo empeora.

Es semejante a lo que ocurre en las prisiones. La maldad criminal está contenida en la prisión; cuando ingresa un nuevo delincuente, contamina más a los reos y este a la vez es contaminado por el resto. Es, pues, una retroalimentación decadente.

Esta es la razón por la que, antes de que vengamos a Cristo, la Biblia nos describe como esclavos del pecado y no practicantes casuales: «Pero gracias a Dios, que, aunque erais **esclavos del pecado**, habéis obedecido de corazón a aquella forma de doctrina a la cual fuisteis entregados [...]. Porque cuando erais **esclavos del pecado**, erais libres acerca de la justicia» (Rom. 6:17-21, énfasis añadido).

El filósofo Immanuel Kant se equivocó en muchos conceptos, pero en el tema de la corrupción humana estuvo atinado:

El hombre era malvado por naturaleza y tenía una inclinación corrupta hacia el mal.[9]

Kant no estaba de acuerdo con «varios filósofos» que mantenían la bondad esencial de la naturaleza humana. El mal en el hombre es radical, tanto que no puede ser superado por el poder humano. Fue necesaria la omnipotencia de Dios para rescatarnos de ese ciclo, que en la vida cristiana permanece roto, pero no sin lucha aguerrida. Es en esto que escuchamos el clamor de Pablo detrás de su descripción: «¡Miserable de mí! ¿Quién me librará de este cuerpo de muerte?» (Rom. 7:24). Es una ley en nosotros: «Pero veo otra ley en mis miembros, que se rebela contra la ley de mi mente, y que me lleva cautivo a la ley del pecado que está en mis miembros» (Rom. 7:23). Es decir, no es un síntoma esporádico o aleatorio o pasajero. **El mal es ley en nosotros,** y solo por el Espíritu podemos vencerlo sustancialmente, aunque no perfectamente.

· *Una degeneración progresiva*

En los credos cristianos figura el concepto del «pecado original», que no se refiere al «primer pecado» cometido por Adán, sino al efecto de este pecado. A lo largo de la historia, se ha debatido sobre la gravedad de este efecto. Algunas tradiciones sostienen que el efecto del pecado original es lo suficientemente leve como para poder escapar de él mediante el esfuerzo humano.

---

9 Kant, *Die Religion innerhalb der Grenzen der bloszen Vernunft* (Reclam-Universität Bibliothek, 1793), 35-38, 49-55. G. C. Berkouwer, *Man: The Image of God, Studies in Dogmatics* (Grand Rapids, MI: Eerdmans, 1962).

Sin embargo, como se menciona en la Escritura, estamos escla-
vizados por la corrupción y nuestra liberación no depende de
nuestro esfuerzo, sino de la intervención de la gracia de Dios.
Es importante aclarar que esta corrupción es por nacimiento
decisiva, pero no desarrollada. Antes de tener uso de razón comenzamos su desarrollo, primero con delitos menores y después con
mayores, hasta que es difícil imaginar que dichas personas lucieron un día como inocentes bebés.

En el primer capítulo de Romanos, Pablo describe el envaneci-
miento de la mente y el entenebrecimiento del corazón que llevó
a los hombres a darle la espalda a Dios y a hundirse y arrojarse
en peores decadencias. En esta porción, comienza por la idolatría,
avanza a pasiones vergonzosas y termina en toda suerte de perversiones (Rom. 1:29). Ocurre una pérdida progresiva de sensibilidad
para cometer con avidez toda clase de impurezas (Ef. 4:19). Por
ende, no existe un ser que, fuera de la salvación, muera en mayor
inocencia que con la que nació.[10]

Con esto no se da a entender que todo hombre llega a
plasmar en vida el potencial de maldad de su corazón, pues
existen pecadores vulgares y pecadores persignados. Así tenemos a los fariseos, acérrimos enemigos de la verdad, pero decen-
tes vecinos. Cada pecador configura la forma de vivir para sí
mismo a su propio estilo. Además, el Espíritu y la providencia
de Dios sabotean los complots humanos; de lo contrario, como
Dios demostró en la generación antediluviana, el mundo se
autodestruiría.

---

10 Con inocencia no me refiero a libertad de culpa, sino a
ingenuidad.

Ni tampoco debemos pensar que ningún hombre jamás haya realizado actos buenos, pues sería ingenuo negar que, junto con los actos de maldad, el mundo también cuenta con actos de filantropía y altruismo que benefician a la humanidad. G. C. Berkouwer explica que los hombres, «por muy poco cualificados que estén para realizar cualquier bien salvador, pueden realizar actos de bien civil, y nuevamente se citaron la Escritura y la Confesión, donde se enseña que Dios, sin renovar el corazón, ejerce tal influencia sobre el hombre que se hace capaz de hacer el bien civil».[11]

Aun Hitler creía en lo beneficioso del bienestar social y bajo su régimen se fomentaron programas para abatir la pobreza y el frío en el pueblo alemán. Este bien, no obstante, fue parte de su gran mal, al diseñar su propia arquitectura social, bajo la cual eliminó a millones de judíos.

En conclusión: el mal del corazón y todas las facultades presentan una condición universal y humanamente incurable. Pablo califica tanto al pagano crudo como al religioso persignado de «pecadores expuestos a la ira de Dios». No por tener pecados aparentemente menos grotescos son los religiosos menos pecadores que los primeros. Pablo los culpa de cohecho y, aunque su pecaminosidad se manifiesta en formas aparentemente respetables, las aguas negras de Adán corren en ambos por igual.

De hecho, la religión no es vista en la Escritura como un intento de acercarse a Dios, sino un elegante intento de apartarse

---

11 Artículos 13 y 36 de la Belgic Confession; los textos citados son Gén. 6:3; Sal. 81:12, 13; Rom. 1:24, 26, 28; 2 Tes. 2:6-7. G. C. Berkouwer, *Man: The Image of God, Studies in Dogmatics* (Grand Rapids, MI: Eerdmans, 1962), 148.

de Él. A Dios le interesa una relación con el hombre a través de Cristo, no una religión confeccionada por él. Por esto el evangelio es relevante tanto para el pródigo como para el religioso igualmente.

La condición del hombre es también incurable. No hay acto humano que pueda extirpar su depravación. Sería tan efectivo como el intento del leopardo por remover sus manchas (Jer. 13:23). No hay aspecto en el hombre que un poco de terapia pueda cambiar. Se ha visto en su totalidad trastornado. Es irreparable; Dios lo ha declarado «pérdida total». El remedio requerido no puede ser menor que un milagro, pues no puede venir por esfuerzo natural, sino por la intervención sobrenatural.

Podría decirse que este era uno de los motivos por los que Jesús trataba con casos incurables. No existía colirio para sanar a los ciegos o jarabe para aliviar a los mudos, o medicina para revertir la parálisis; solo un verdadero y extraordinario milagro los podía sanar. Eran casos imposibles que exaltaban la autenticidad, el poder y la sobrenaturalidad de los milagros de Jesús.

¡Y esto es lo que se presenta en el evangelio! El milagro de Dios para el corazón. Borra el rastro del estiércol dejado por nosotros y genera un nuevo nacimiento y un nuevo corazón. Es una regeneración, un génesis nuevo para el hombre, obtenido por el segundo Adán y su nueva raza.

Es el nuevo pacto en la sangre de Cristo, predicado a través del evangelio, el que finalmente ha logrado un cambio de rumbo, una verdadera libertad en la que el hombre no se vea limitado a escoger entre un mal menor y un mal mayor, sino entre el bien y el mal. Y esto es lo que el corazón regenerado es capaz de lograr.

Aplicación

La siniestra patología del corazón deja, por lo menos, dos claras lecciones:

• *La futilidad de la clase de moral*

Existe la errada suposición de que debajo de la maldad del hombre, en el fondo de su corazón, se hallan yacimientos de bondad. Por ende, lo que el hombre necesita son lecciones de moralidad, o situarlo en un clima sano para que florezca su bondad.

• *La futilidad del evangelismo superficial*

La filosofía y metodología del evangelismo contemporáneo subestima la maldad y dureza del corazón humano. La elocuencia, las presiones sociológicas y la manipulación emocional pueden traer a las personas a la iglesia, pero ninguna de estas técnicas puede lograr una genuina conversión. Se requiere un acto sobrenatural para lograr la salvación de un pecador. Pablo era consciente de esta realidad, pues ante el éxito de su predicación entre los tesalonicenses les dice: «Porque conocemos, hermanos amados de Dios, vuestra elección; pues nuestro evangelio no llegó a vosotros en palabras solamente, sino también **en poder**, en el Espíritu Santo y en plena certidumbre, como bien sabéis cuáles fuimos entre vosotros por amor de vosotros» (1 Tes. 1:4-5, énfasis añadido).

El evangelismo exitoso no comienza con programas de evangelismo populares o técnicas avanzadas de apologética, sino con la oración. Solo el Espíritu Santo puede contrarrestar el pecado que ha nublado la mente, endurecido el corazón y entercado la voluntad del pecador. De ahí que el preámbulo de la gran comisión enfoca la atención de los discípulos a la potestad con la que se había investido a Cristo, la cual potenciaría el evangelismo mundial para cosechar un pueblo hecho de toda lengua, tribu y nación.

Hasta ahora hemos visto los detalles deprimentes de la corrupción del corazón humano, pero tomemos en cuenta que cuanto más oscuro es el fondo, más deslumbrante será el brillo de la gracia de Dios, pues Dios no dejó al hombre como estaba, imposibilitado de cambiar por sí solo. Dios dispuso la salvación del hombre mediante un nuevo génesis, el génesis del corazón llamado «la regeneración».

CAPÍTULO 5

La regeneración del corazón

EN PALESTINA HABÍA UNA MUJER con dolores insoportables. Su enfermedad era grave, permanente y vergonzosa. Se había quedado sin un quinto gastando en médicos y medicamentos, que solo lograban enfermarla más.

¿Sabes de quién estoy hablando? Se trata de la mujer que padecía el flujo de sangre. En muchos aspectos su situación no tenía salida. Sufría mucho, solo empeoraba, sus ahorros se evaporaron en búsqueda de una cura, y según las leyes levíticas la mujer con tales problemas ginecológicos era considerada impura por la sociedad. La maravilla es que su sanidad vino a ser tan sencilla como le fue estirarse para tocar el manto de Jesús. Es decir, el contacto con la vida de Jesús renovó su cuerpo instantánea y completamente.

Este ejemplo nos muestra cómo sucede cuando el Espíritu de Dios infunde fe en nosotros y nos une a Cristo. Una corriente de vida espiritual se derrama en nosotros y realiza una cirugía espiritual que extrae el corazón de piedra y coloca un corazón de carne (Ezeq. 36:26). Esta doble intervención no ocurre de forma aislada, sino en conjunción con dos actos específicos del Salvador: Su muerte y Su resurrección.

La muerte y resurrección de Cristo en el Nuevo Testamento no solo tiene un impacto individual, sino cósmico. Jesús vino a salvar pecadores individuales, e igualmente a establecer un nuevo orden (Ef. 1:9). En su muerte, muere Adán, su mundo y su humanidad, compuesta por todo ser humano ligado a él por nacimiento. Su resurrección es el segundo Génesis de una nueva humanidad creada a la imagen del Cristo —el segundo Adán— y compatibilizada con su mundo. Por esto, el término «regeneración» se aplica al corazón y también a la tierra (Mat. 19:28).

La epístola a los Romanos explica la doble transacción.

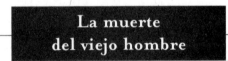

La muerte del viejo hombre

El doble símil utilizado

Pablo, en el capítulo 6 de Romanos, describe las asombrosas realidades espirituales envueltas en la conversión de un pecador. Como fundamento, en el capítulo 5 planteó que la humanidad está unida a uno de dos seres que encabezan la humanidad: Adán o Cristo (el segundo Adán). La unión al primer Adán resulta en muerte, pero la unión al segundo, vida; pues la abundancia del pecado es disuelta por la sobreabundancia de la gracia de Cristo.

Anticipando la crítica de que esta fórmula no es más que una licencia para el pecado, Pablo explica las repercusiones espirituales de la unión con Cristo, el segundo Adán.

La conversión de un pecador involucra mucho más que una declaración forense, por gloriosa que esta sea. Incluye además una operación espiritual, por medio de la cual el creyente es bautizado en la muerte y resurrección de Cristo. Esto no es una mera imagen de lo que el bautismo de agua representa, sino una realidad espiritual que describe el desprendimiento del pecador de Adán y su unión a Cristo, el segundo Adán.

En Romanos 6:5 Pablo utiliza un tiempo perfecto, claramente traducido por la Nueva Versión Internacional: «En efecto, si **hemos estado unidos** con él en su muerte, sin duda también estaremos unidos con él en su resurrección» (NVI, énfasis añadido). El tiempo representa un acto ocurrido en el pasado con efectos consecuentes. Metafóricamente, la salvación consiste en ser enchufados a Cristo, lo que produce a la vez una electrocución y una chispa de vida. La electrocución del viejo hombre implica el despojo del cuerpo de pecado y la chispa, la generación del nuevo.

La destrucción del cuerpo significa que el cuerpo controlado por el pecado ha sido «destruido». El vocablo destruido, καταργέω, se traduce de diversas formas. La Biblia Textual lo traduce «desactivado». El sentido es que el cuerpo de pecado ha quedado inservible, ha sido inutilizado. La Nueva Versión Internacional capta bien el sentido: «... para que nuestro cuerpo pecaminoso perdiera su poder...» (Rom. 6:6).

Esto no significa que el cuerpo de pecado ha sido destruido de tal manera que su influencia sobre nosotros ha cesado por completo. León Morris habla de que el uso que Pablo mismo le da en Romanos 3:3 es «anular» y no destruir (la fidelidad de Dios). El poder del viejo hombre ha sido desactivado de modo que ya no impera como monarca. Sigue presente, pero ya no es el «partido de mando» en nuestro corazón.

Dios subyuga el poder del pecado que habita en el nacido de nuevo. No lo erradica, sino que lo destrona, para que ya no tenga dominio sobre el corazón. En lugar de que el pecado gobierne, ahora es resistido y odiado, y esto por voluntad propia del cristiano.[1]

Esta descripción no es lo que algunos llaman «realidades posicionales» que solo existen en la mente de Dios y que se habrán de cumplir en el futuro, pero sin efecto práctico en nuestro corazón, excepto como una motivación a vivir conforme a estas realidades distantes. El lenguaje de Pablo describe, valga la redundancia, una «realidad real» que describe el cambio que se da en el pecador unido a Cristo por fe: «... el pecado no se enseñoreará de vosotros; pues no estáis bajo la ley, sino bajo la gracia» (Rom. 6:14).

Pablo está comparando los efectos de la gracia y la ley en la vida de una persona. Según él, la ley no tiene la capacidad de alejar al pecador del pecado, sino más bien tiene un efecto contrario, estimulando el pecado en el pecador (Rom. 7:8-13). En cambio, la gracia de Dios asegura que al morir con Cristo al pecado y resucitar con él a una nueva vida, el pecado ya no tendrá control sobre nosotros. Es una transformación radical que potencia nuestra vida para que podamos vivir en santidad.

Cuando a un misionero se le advirtió de los peligros que enfrentaría al llegar al lugar a donde iba a evangelizar, el respondió al capitán del barco: «Yo ya morí hace mucho tiempo, cuando vine a Cristo». El entendía que la conversión a Cristo conlleva una verdadera muerte al viejo hombre y su rastro de maldad.

---

1 Arthur Walkington Pink, *Regeneración, o el nuevo nacimiento* (Bellingham, WA: Logos Bible Software, 2005), 23.

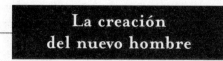

La creación del nuevo hombre

Sinclair Ferguson contó la historia de un joven en una congregación que experimentó la conversión. Durante una entrevista con el pastor y los ancianos de la iglesia, les expresó: «He venido a esta iglesia durante mucho tiempo, pero siempre encontraba los sermones aburridos y difíciles de comprender. Los himnos y las oraciones eran demasiado largos para mi gusto. Pero, ahora, ¿qué ha pasado con ustedes?, ¿cómo han cambiado? Los sermones son muy interesantes y los himnos, sublimes».[2]

La Biblia captura claramente el cambio de percepción de este joven cuando dice «...si alguno está en Cristo, nueva criatura es; las cosas viejas pasaron; he aquí todas son hechas nuevas» (2 Cor. 5:17). El cambio no se produjo en el pastor ni en los ancianos sino en el soplo de nueva vida que Dios infundió en este joven, pues la contraparte de nuestra muerte en Cristo es nuestra resurrección con él. Indudablemente, ninguno de nosotros ha resucitado. No obstante, esta no es una realidad teórica, pues, si bien no lo hemos hecho físicamente, lo hemos hecho de forma espiritual. La vida de resurrección de Cristo es el soplo de vida del nuevo hombre.

Pablo, Pedro y Juan ligan la regeneración a la vida de resurrección de Cristo. Fue el mismo supereminente poder de Dios que infundió vida a Jesucristo y también al creyente, para poder

---

2 Sinclair Ferguson. "The Beatitudes: Sermon on the Mount" [Video]. YouTube, 17 de noviembre de 2021. Disponible en: https://www.youtube.com/watch?v=MOvdz2pU4ro

salir de la corriente de este mundo y escapar de la influencia del príncipe de la potestad del aire (Ef. 2:2).

Pedro comienza su primera epístola bendiciendo a Dios por los efectos de la resurrección: «Bendito el Dios y Padre de nuestro Señor Jesucristo, que según su grande misericordia nos hizo renacer para una esperanza viva, por la resurrección de Jesucristo de los muertos» (1 Ped. 1:3).

Geerhardus Vos indica:

> Según 1 Pedro 1:3, él (Pedro) ve en la resurrección de Cristo de entre los muertos la causa instrumental de la regeneración. Por lo tanto, la "simiente" (1 Ped. 1:23) debe ser la simiente de la vida de Cristo, plantada en nosotros por el Espíritu Santo. Esta simiente es incorruptible porque comunica la vida eterna de Cristo.[3]

Juan en su Evangelio describe un doble aspecto de la resurrección. Habla de la resurrección futura del cuerpo (Juan 5:28), pero en el versículo 25 habla de una resurrección contemporánea a su ministerio: «De cierto, de cierto os digo: Viene la hora, **y ahora es**, cuando los muertos oirán la voz del Hijo de Dios; y los que la oyeren vivirán» (Juan 5:25, énfasis añadido). William Hendriksen comenta sobre este versículo:

> La primera resurrección no tiene nada que ver con el cuerpo. Se refiere al alma. Tan pronto como la palabra de Cristo es aceptada por la fe («el que oye mi palabra

---

3 Geerhardus Vos, *Reformed Dogmatics: Soteriology* (Bellingham, WA: Lexham Press, 2015), 44.

y cree») uno tiene vida eterna (ver esto en 1:4, 3:16) y
ha pasado de muerte a vida.[4]

Esta realidad tuvo una inauguración histórica en el día de
Pentecostés. Cristo resucitó con una vida de gloria. Después de
ascender a la diestra del trono de Dios, recibió del Padre el Espíritu para derramar Su vida de resurrección sobre todos aquellos
que habrían de venir a Él.

La primera efusión, durante la predicación de Pedro, gestó
más de 3000 sorprendentes conversiones de judíos entre los cuales
se encontraban los que semanas antes habían clamado «¡cruci-
fíquenlo!». Desde entonces la predicación del reino avanzó de
forma vertiginosa, como en el caso de Lidia. El Espíritu abría el
corazón de aquellos que antes no tenían oídos para escuchar y
les implantaba fe.

Quizá la razón más importante por la que la regeneración está
ligada a la vida de resurrección es que, como el segundo Adán,
Jesús es el modelo de la nueva humanidad. El fin de la salvación
no es librarnos de las flamas del infierno, sino desarrollar la imagen
del segundo Adán en nosotros.

Esto explica el énfasis neotestamentario de llegar a ser «seme-
jantes a Él» (1 Jn. 3:2). El primer brote de Su imagen se da en la
regeneración, su desarrollo durante la santificación, su consumación
en la resurrección de los creyentes (o la transformación en el aire).
Tal semejanza habrá a Él que la epístola a los Tesalonicenses indica
que en la segunda venida Cristo será admirado «en todos los que
creyeron». ¡Estamos destinados a ser vitrinas proyectando su gloria!

---

4 William Hendriksen, *Comentario al Nuevo Testamento: El Evangelio según San Juan* (Libros Desafío, 1981).

Esta realidad magnifica la dureza del corazón humano, pues solo por el poder de la resurrección puede cambiar. En Efesios 1:19 Pablo describe este poder empacando cuatro sinónimos de poder para describir la fuerza motriz de la resurrección (**ὑπερβάλλον μέγεθος** τῆς **δυνάμεως** αὐτοῦ εἰς ἡμᾶς τοὺς πιστεύοντας κατὰ τὴν **ἐνέργειαν,** transliterado: «Y cual la **grandeza** que **sobrepasa** el **poder** de él hacia nosotros los que creemos conforme a la **fuerza** del poder de la fuerza de él», énfasis añadido). Es decir, se requirió un despliegue de alto voltaje por parte de Dios para resucitar a Cristo y con esa vida regenerar el corazón humano.

A la luz de esta verdad, es importante entender que la forma en que evaluamos las conversiones tiene graves consecuencias. Miles de personas se sienten seguras de su destino eterno simplemente por haber levantado la mano durante una predicación o haberse adelantado al frente cuando el evangelista los invitó a venir a Cristo. Sin embargo, es difícil detectar el «pulso de vida espiritual» en ellos. Mientras que aquellos a quienes la gracia de Dios ha regenerado pueden no tener conversiones dramáticas, pero sin embargo exhiben una «señal vital» evidente. Es vital que nos aseguremos de que estamos midiendo correctamente el éxito de nuestra labor evangelística, ya que las vidas eternas están en juego.

Las implicaciones de la regeneración

Un acto totalmente divino

Recuerdo un terrible accidente en el que estuvo envuelto mi cuñado, de frente contra otro auto. De milagro salió con vida, pero el auto quedó hecho un acordeón; era irreparable. Según el dictamen del inspector del seguro fue una «pérdida total». Tal es el dictamen de Cristo tocante al inconverso; en cuanto a las cosas de Dios es una «pérdida total», irreparable, que requiere una nueva creación.

«El hombre no puede ayudarse a sí mismo» para gestar vida espiritual. Dios es quien realiza esta obra de principio a fin, similar a como un bebé es pasivo en su nacimiento natural. Esto es un proceso irresistible e inmanente, al hombre no le queda más que percibir que «todas las cosas han sido hechas nuevas».

En la lección de Jesús a Nicodemo sobre el nuevo nacimiento, el vocablo del nuevo nacimiento, γεννηθῆναι (Juan 3:3, 7), es pasivo. Significa «ser regenerado». Es una obra soberana de Dios, al igual que la fe para creer en el evangelio (Ef. 2:8).

La conversión de Pablo ofrece una de las mejores ilustraciones. Momentos antes de que Jesús se le apareciera en el camino a Damasco, perseguía a los cristianos con alma de esclavo y voluntad de rey. Pero en el momento en que Dios reveló a Su Hijo en Él, el corazón de Pablo fue transmutado. Se dice que nuestra teología no debe basarse en nuestras experiencias. En el caso de Pablo, si bien conocía las promesas del nuevo corazón del nuevo pacto, su experiencia personal de regeneración seguramente matizó su teología de la regeneración.

La sede de la regeneración es el corazón

El gran teólogo Geerhardus Vos describe la centralidad del corazón en esta bendición:

«El amor de Dios ha sido derramado en nuestros corazones por el Espíritu Santo que nos fue dado»

(Rom. 5:5). «Dios envió a vuestros corazones el Espíritu de su Hijo» (Gál. 4:6). Al corazón se le atribuyen la predisposición y las inclinaciones básicas en las que se manifiesta la personalidad y la naturaleza: según tu dureza y tu corazón impenitente (Rom. 2:5); un corazón honesto y bueno (Luc. 8:15). «Con el corazón se cree...» (Rom. 10:10); el corazón está dirigido al amor de Dios (2 Tes. 3:5). Por lo tanto, se excluye toda concepción de que en la renovación del hombre Dios opera desde la circunferencia hasta el centro. Por el contrario, trabaja del centro a la periferia, regenera el corazón, y por esto en principio la naturaleza se invierte en todas sus expresiones, o al menos se le da una capacidad formativa que actúa contra la vieja naturaleza.[5]

En la epístola a los Romanos, la regeneración explicada en el capítulo 6 como la muerte del viejo hombre y el nacimiento del nuevo es anteriormente descrita como la circuncisión del corazón:

«Sino que es judío el que lo es en lo interior, y la circuncisión es la del corazón, en espíritu, no en letra; la alabanza del cual no viene de los hombres, sino de Dios» (Rom. 2:29).

La regeneración del corazón implica la renovación de todas las facultades dañadas por el pecado, una constitución renovada, dispuesta a batallar contra todos los vestigios de la carne.

---

5 Geerhardus Vos, *Reformed Dogmatics: Soteriology* (Bellingham, WA: Lexham Press, 2015), 29-57.

El nuevo y el viejo hombre no coexisten ni tienen la misma fuerza

No faltan aquellos que cuando caen en patrones pecaminosos reclaman: "Estos días ando conforme al viejo hombre, tengo que ponerme el nuevo de vuelta". Como si los dos fueran los gemelos luchando dentro del vientre de Rebeca, y ambos fueran opciones disponibles.

En cierto sentido, la traducción de la Reina Valera ha contribuido a esta mentalidad, al dar la impresión de que el viejo y el nuevo son dos trajes que alternamos. En Efesios, al referirse al viejo hombre, dice: «En cuanto a la pasada manera de vivir, **despojaos** del viejo hombre, que está viciado conforme a los deseos engañosos, y **renovaos** en el espíritu de vuestra mente, y **vestíos** del nuevo hombre, creado según Dios en la justicia y santidad de la verdad» (Ef. 4:22-24, énfasis añadido). Se presenta como mandamientos a cumplir. Sin embargo, los imperativos en esta sección no comienzan sino hasta el versículo 25, con «... **hablad** verdad cada uno con su prójimo...» (Ef. 4:25, énfasis añadido).

En realidad, Pablo les recuerda a los efesios lo que les corresponde a los cristianos, recordándoles los fundamentos doctrinales iniciales. Les dice que mientras que los gentiles llevan una vida de decadencia, ellos **no han aprendido a Cristo así**. Lo que habían aprendido es que, literalmente, se han despojado, se han renovado y se han puesto el nuevo hombre. Tanto despojarse, renovarse y vestirse son —de acuerdo con John Murray— **infinitivos de resultado**.

En otras palabras: Pablo no está comandando, sino explicando un acontecimiento efectuado por Dios en ellos en su conversión inicial, **con repercusiones que corresponden a una conducta diferente**. La Nueva Versión Internacional capta bien el sentido: «No fue esta la enseñanza que ustedes recibieron acerca de Cristo, si de veras se les habló y enseñó de Jesús según la verdad que está en él. Con respecto a la vida que antes llevaban, **se les enseñó** que **debían quitarse** el ropaje de la vieja naturaleza, la cual está corrompida por los deseos engañosos; **ser renovados** en la actitud de su mente; **y ponerse** el ropaje de la nueva naturaleza, creada a imagen de Dios, en verdadera justicia y santidad» (Ef. 4:20-24, NIV, énfasis añadido).

El acta de defunción del viejo hombre es reiterada en Colosenses. La exhortación para no mentir está basada en la verdadera muerte del viejo hombre: «No mintáis los unos a los otros habiéndoos despojado del viejo hombre con sus hechos, y revestido del nuevo, el cual conforme a la imagen del que lo creó se va renovando hasta el conocimiento pleno» (Col. 3:9-10).

Utilizando la figura de la crucifixión, la epístola de Gálatas confirma el hecho de la muerte del viejo hombre: «Pero los que son de Cristo han crucificado la carne con sus pasiones y deseos» (Gál. 5:24). Un eco de la experiencia de conversión propia de Pablo: «Con Cristo estoy juntamente crucificado, y ya no vivo yo...» (Gál. 2:20).

El concepto de que el viejo hombre todavía se encuentra jugando a las vencidas con el nuevo suena como una buena excusa, pero no corresponde a la realidad. El creyente no es un vehículo de doble transmisión que en un momento opera en la transmisión nueva y de pronto salta a la vieja. La realidad es que hemos crucificado al viejo, y el nuevo es más fuerte, y no veremos completa victoria hasta que seamos glorificados, pero podemos prevalecer sobre los hábitos de pecado anterior.

Por esto el cristiano debe dejar de mirar hacia atrás. Es lamentable que existan cristianos que no avanzan porque todavía se encuentran llorando en la tumba de su viejo hombre. Imaginan incorrectamente que la solución es revivirlo y desconocen que vivir la vida antigua en la nueva es la esencia misma de la miseria, pues la vida del cristiano está arriba, escondida con Cristo en Dios.

Si puedes regresar a vivir como antes y ser feliz, es muy probable que Dios no te haya dado un corazón nuevo, pues uno de los primeros efectos del nuevo nacimiento es el amanecer del desengaño con el mundo.

Con esto, no pensemos que el pecado del viejo hombre ha sido erradicado y que operamos en piloto automático avanzando en el camino de obediencia sin el más mínimo esfuerzo por nuestra parte. Esto se ha de tratar más adelante. Por ahora es importante recalcar que el viejo hombre ha sido desactivado; se lo ha hecho impotente; todo lo que nosotros éramos «en Adán» ha sido clausurado, su fuerza motriz se ha desenchufado, nuestra unión a él ha sido cercenada; el corazón de piedra con el ADN adámico ha sido extraído.

**Hay cristianos que no avanzan porque
todavía se encuentran llorando en la tumba
de su viejo hombre.**

La regeneración irradia vida a todo aspecto del hombre interior

• *Restauración de la vista del corazón*

La regeneración repara la retina del corazón para que pueda responder a la luz: «Porque Dios, que mandó que de las tinieblas resplandeciese la luz, es el que resplandeció en nuestros corazones, para iluminación del conocimiento de la gloria de Dios en la faz de Jesucristo» (2 Cor. 4:6).

Pablo contrasta la diferencia de percepción espiritual del hombre natural (antes de Cristo) y el espiritual (después de Cristo) «Pero el hombre natural no percibe las cosas que son del Espíritu de Dios, porque para él son locura, y no las puede entender, porque se han de discernir espiritualmente. En cambio, el espiritual juzga todas las cosas; pero él no es juzgado de nadie. Porque ¿quién conoció la mente del Señor? ¿Quién le instruirá? Mas nosotros tenemos la mente de Cristo» (1 Cor. 2:14-16).

La clásica ilustración de esta verdad se da en el encuentro entre Jesús y Nicodemo. Ante la falta de comprensión de Nicodemo Jesús le dice: «De cierto, de cierto te digo, que el que no naciere de nuevo, no puede ver el reino de Dios». Con esta afirmación Jesús no está explicando que la admisión futura al reino requiere un nuevo nacimiento —eso lo menciona en el v. 5—; le está explicando la causa de su incomprensión y su remedio. La solución no es ponerse a estudiar volúmenes de teología mesiánica, sino un nuevo nacimiento que les traiga un nuevo sentido a las cosas.

La infancia de Jonatan Edwards estuvo marcada por una constante exposición a la Escritura, pero a pesar de ello él seguía cayendo en sus tendencias pecaminosas. Sin embargo, un día inesperado, las palabras cobraron un nuevo significado y todo cambió para él:

> La primera vez que recuerdo un gran deleite interno en Dios y las cosas divina, y en el que he vivido mucho desde entonces, fue al leer esas palabras de 1 Timoteo 1:17: «Por tanto, al Rey de los siglos, inmortal, invisible, al único y sabio Dios, sea honor y gloria por los siglos de los siglos. Amén». Mientras leía las palabras, entró en mi alma, y se difundió a través de ella, un sentido de la gloria del Ser Divino; un nuevo sentido, bastante diferente de cualquier cosa que haya experimentado antes. Nunca me parecieron palabras de la Escritura como estas palabras. Pensé conmigo mismo en lo excelente que era ese ser y lo feliz que debería ser si pudiera disfrutar de ese Dios y ser arrebatado por Él en el cielo.[6]

Bien dijo Pascal: «El corazón tiene razonamientos que la razón desconoce. Hay verdades que ni aun el más elevado coeficiente intelectual puede concebir o comprender, pues solo se revelan en cuanto Dios regenera el corazón».[7]

La regeneración ha removido el velo que nos cegaba (2 Cor. 3:14) para ver la gloria de Dios en el evangelio, pero

---

6 Steven J. Lawson, *The Unwavering Resolve of Jonathan Edwards* (Lake Mary, FL: Reformation Trust Publishing, 2008), 7.

7 Blaise Pascal, The Harvard Classics 48: Blaise Pascal: *Thoughts, Letters, and Minor Works*, ed. C. W. Eliot, trans. W. F. Trotter, M. L. Booth y O. W. Wight (Nueva York: P. F. Collier & Son, 1910), 99.

también, por primera vez, para vernos tal como somos y no tal como nos gusta vernos o ser vistos.

Se dice que cuando las tropas de Emiliano Zapata llegaron a México fueron hospedadas en el palacio de Chapultepec. En su exploración, llegaron los soldados a un gran salón, el «salón de los espejos», donde acercándose comenzaron a señalar a las imágenes que veían como si fueran niños con un juguete nuevo. Por primera vez, ellos estaban viéndose a sí mismos, y esto es precisamente lo que la regeneración permite: la posibilidad de vernos tal y como somos por primera vez.

La restauración de la vista del corazón nos revela la enfermedad de nuestro corazón. John Wesley decía:

> El corazón del hombre fue un gran engañador porque no le reveló su verdadera condición ante Dios, sino que lo convenció de que realmente no era tan malo. Incluso convenció a muchos de que las buenas acciones son suficientes para la salvación. Cuando era el asiento de innumerables males que no requerían el trabajo del diablo para ser activados.[8]

A los ojos del inconverso, los cristianos son extremistas y el mundo no es tan malo como el cristianismo lo pinta. En la canción «Tiny Dancer», Bernie Taupin, escritor de letras de Elton John, caracteriza con miopía a los cristianos y el mundo, en la zona de Hollywood.

Fanáticos de Jesús en la calle
Entregan folletos de su Dios

---

8 *Heritage of Great Evangelical Teachings* (Nashville: Thomas Nelson, 1997).

Ella mira atrás y se ríe
El boulevard no es tan malo

Como el retrato de Dorian Gray, la apariencia del mundo se deshace ante los ojos nuevos del cristiano, permitiéndole ver su grotesca realidad por primera vez. La fascinación anterior ahora es aberración. ¡Terminó el hechizo!

• *Renueva el corazón*

La regeneración tanto limpia como renueva el corazón: «Nos salvó, no por obras de justicia que nosotros hubiéramos hecho, sino por su misericordia, por el lavamiento de la regeneración y por la renovación en el Espíritu Santo, el cual derramó en nosotros abundantemente por Jesucristo nuestro Salvador» (Tito 3:5-6). Dado que no era suficiente limpiar el pecado del corazón, había también que restaurar la imagen de Dios desfigurada. La ley de Dios, grabada tanto en corazones de creyentes como de inconversos, quedó erosionada en el corazón. La regeneración la vuelve a expedir con tinta fresca: «Siendo manifiesto que sois carta de Cristo expedida por nosotros, escrita no con tinta, sino con el Espíritu del Dios vivo; no en tablas de piedra, sino en **tablas de carne del corazón**» (2 Cor. 3:3, énfasis añadido).

Los Diez Mandamientos externos nunca lograron llevarnos a la obediencia sincera. El nuevo pacto inscrito en el corazón ha convertido la ley en el instinto más natural del ser redimido: «Por lo cual, este es el pacto que haré con la casa de Israel después de aquellos días, dice el Señor: Pondré **mis leyes en la mente de ellos, y sobre su corazón las escribiré**; y seré a ellos por Dios, y ellos me serán a mí por pueblo...» (Heb. 8:10, énfasis añadido; Heb. 10:16). Los deseos natos del nuevo hombre armonizan con la ley de Dios.

En una ocasión, un grupo de personas inconversas le reclamaba al pastor John MacArthur que volverse cristianos era renunciar a su libertad. Él refutó afirmando que ahora en Cristo él hacia lo que quería. Que si no fumaba o bebía como ellos era porque no quería, pues Dios había cambiado sus deseos. El nuevo hombre interior se deleita en la ley de Dios (Rom. 7:22).

• *Capacita a la voluntad*

Además de una nueva percepción, y nuevos deseos en el corazón, la regeneración revierte y fortalece la voluntad en el corazón hacia la obediencia. Anteriormente, sin Cristo, nuestra voluntad se movía entre dos impulsos: mal y peor. Ahora hemos sido librados de la esclavitud en la que vivíamos y tenemos la capacidad para decirle «no» al pecado y «sí» a la santidad.

El fortalecimiento para la santidad es una de las principales operaciones del Espíritu en nuestros corazones. Después de todo, su nombre técnico en el Nuevo Testamento es el **Espíritu Santo**. Él ha venido a nuestros corazones (Gál. 4:6), y nos fortalece para crucificar la carne y caminar en armonía con la ley de Dios (Rom. 8:7). De hecho, el versículo más aludido para encontrar la voluntad de Dios es «porque todos los que son guiados por el Espíritu de Dios, estos son hijos de Dios». Romanos 8:14-15 no trata de un impulso subjetivo para escoger rumbo en nuestras decisiones cotidianas; el contexto nos habla del poder del Espíritu para mortificar la carne, algo para lo que anteriormente no estábamos capacitados (Rom. 8:3). Los que son guiados por el Espíritu de Dios no son los que a diario sienten corazonadas, sino los que a fuerza de voluntad día a día hacen morir los deseos de la carne. Este esfuerzo en pos de la santidad es monergismo, no sinergismo. El impulso de la voluntad es el resultado de las operaciones de gracia. Después de exhortar a los filipenses al esfuerzo de santidad, les recuerda que «Dios es el que en vosotros **produce así el querer como el hacer**, por su buena voluntad (Fil. 2:13, énfasis añadido). Asimismo, el escritor a los hebreos remarca que Dios los hace «**aptos** en toda obra buena para que hagáis su voluntad, **haciendo él en vosotros** lo que es agradable delante de él por Jesucristo; al cual sea la gloria por los siglos de los siglos. Amén» (Heb. 13:21, énfasis añadido).

Es difícil entender esta relación: que la gracia soberana sostiene al esfuerzo humano, pero una cosa es clara: la regeneración nos devuelve una voluntad capacitada para la obediencia. Bien lo dijo Tomás Aquino:

> La nueva ley implantada en el corazón no solo le indica lo que debe de hacer, también lo ayuda a cumplirlo.[9]

La «circuncisión del corazón» (Rom. 2:25-29), a diferencia de la circuncisión externa, nos capacita para poder cumplir los mandamientos de Dios.

---

9 Tomás de Aquino, *Suma Teológica* (España: Moya y Plaza Editores, 1880).

• *Implanta nuevos deseos*

Al comienzo del libro estudiamos cómo las emociones también encuentran su sede en el corazón. Con la renovación del corazón se renueva el emisor sentimental. La conciencia renovada activa todo un juego de sensibilidades antes atrofiadas a las que podemos nombrar como **nuevas complacencias**: complacencia por la justicia, por la santidad, por la paz, por la obediencia, por hambre de justicia. Asimismo, se activan **nuevas displicencias**: desagrado por el mundo y, asombrosamente, odio por el pecado. Pocos lo han expresado con tanta elocuencia como el predicador Joseph Parker:

> Hay un período en la vida en el que solo podemos ver el pecado a la luz de su castigo, que, de hecho, no es ver el pecado en absoluto, sino que es el sofisma crónico con el que toda alta enseñanza espiritual tiene que luchar y luchar casi impotentemente, por el engaño del corazón. Cuando tenemos la mente correcta, ya no necesitaremos ver el infierno para saber qué es realmente el pecado; lo reconocemos de lejos... Llegamos a odiarlo aún como si no hubiera hecho una mancha sobre la nieve del universo.[10]

El Espíritu, asimismo, implanta un discernimiento que produce diversas alertas emocionales.

Como no se da a entender que el creyente tiene sentimientos afinados perfectamente a la voluntad de Dios, las nuevas

---

10 Rousas John Rushdoony, *Comentarios sobre el Pentateuco: Éxodo*, (Vallecito, CA: Ross House Books, 2004), 82.

emociones no son absolutas, se entremezclan y chocan con las emitidas por el residuo del pecado en la carne (la arena de esa lucha se explica en Rom. 7:22-24). No obstante, son emociones auténticas, fruto de la regeneración del corazón.

• *Implanta una santidad inicial*

Esto es de cardinal importancia. Existe confusión acerca del lugar que la regeneración del corazón tiene en la santificación total del creyente. Hay creyentes que sostienen que la salvación es solo perdón. Que el cambio no se efectuará sino hasta la glorificación. Otros sostienen que la salvación integra dos pasos de santificación: la santificación progresiva que se da a diario y su consumación mediante la glorificación.

En realidad, la Biblia enseña tres pasos: una santificación inicial, una santificación progresiva y una santificación final.

El apóstol Juan es definitivo acerca de esta santificación inicial. En 1 Juan 3:9 afirma que «todo aquel que es **nacido de Dios**, no practica el pecado, porque **la simiente de Dios permanece en él**; y no puede pecar, porque es nacido de Dios». Juan no habla en términos absolutos, pues en la misma epístola afirma que si decimos que no hemos pecado, le hacemos a Él mentiroso. Pero sí habla en términos definitivos. La simiente de Dios es el fundamento de toda repelencia de pecado y crecimiento en santidad.

Esta santificación inicial es el brote de toda gracia: «Todo aquel que cree que Jesús es el Cristo, es nacido de Dios; y todo aquel que ama al que engendró, ama también al que ha sido engendrado por él» (1 Jn. 5:1). La justicia: «Si sabéis que él es

justo, sabed también que todo el que hace justicia es nacido de él»
(1 Jn. 2:29). El amor: «Amados, amémonos unos a otros; porque
el amor es de Dios. Todo aquel que ama, es nacido de Dios, y
conoce a Dios» (1 Jn. 4:7). La victoria sobre el mundo: «Porque
todo lo que es nacido de Dios vence al mundo; y esta es la victoria
que ha vencido al mundo, nuestra fe» (1 Jn. 5:4).

En vista de esta evidencia bíblica, John Murray comenta:

> No debemos pensar en la regeneración como algo que
> puede abstraerse de los ejercicios salvíficos que son
> sus efectos. De ahí que tengamos que concluir que en
> los otros pasajes (2:29, 4:7, 5:1) los frutos menciona-
> dos —hacer justicia, amar, el conocimiento de Dios, y
> creer que Jesús es el Cristo— son tan necesariamente
> los acompañamientos de la regeneración como lo son
> los frutos mencionados en 3:9. Esto significa, simple-
> mente, que todas las gracias mencionadas en estos
> pasajes son las consecuencias de la regeneración y no
> solo las consecuencias que tarde o temprano siguen
> a la regeneración, sino los frutos inseparables de la
> regeneración.[11]

La santificación tiene tres etapas y, en definitiva, la regeneración es la inicial.

La lección de la santificación inicial es que la regeneración
produce una fe avalada por el fruto espiritual. Y si bien el Señor
Jesucristo jamás estandarizó el fruto de cada uno, estableció que

---

11 John Murray, *Redemption Accomplished and Applied* (Eerdmans,
1955), 103.

aquella semilla que cae en buena tierra da fruto a treinta, sesenta y ciento por uno.

Aquel decisionismo practicado en las campañas evangelísticas, basado en la mera profesión y desprovisto de evidencia de fruto, ha llenado las filas de la iglesia de cristianos anónimos que en un arranque de emoción levantaron la mano, caminaron al frente, pero sus corazones no fueron santificados.

Aplicación

Ante el amplio espectro de gracia que opera en la cirugía del corazón es ilógico pensar que la conversión de un pecador pueda suceder anónimamente, de forma inadvertida. Lamentablemente, muchos pastores sucumben a medir la salud de sus iglesias en base a la métrica de los números. Y, cuando estos no se dan, tienden a añadir a sus listas de membresía a aquellos que lucen como trigo, pero en realidad son cizaña de buena calidad, que se asemejan al trigo, porque hicieron una profesión de fe o porque asisten a los servicios o cantan con emoción, que fueron compelidos por fuerzas sociológicas, pero no impelidos por la regeneración.

La salvación de un pecador envuelve dos eventos notorios: la muerte y la resurrección. Ni los funerales ni los nacimientos son eventos que pasan inadvertidos; interrumpen lo cotidiano. Aquel en cuyo corazón Dios ha efectuado esa cirugía mostrará señales de vida y señales de muerte notorias y notables.

El círculo social del pecador regenerado notará que ya no participa en los pecados del grupo; se dará cuenta de que sus prioridades, actitudes y complacencias han tomado otro rumbo. En mayor o menor grado, en su círculo lamentan la pérdida y muestran falta de simpatía, cuando no escándalo, ante la nueva vida adoptada.

No hay que pensar, no obstante, que toda conversión es aparatosa. Para aquellos con una crianza cristiana estricta —es decir, los amaestrados en el cristianismo que conocen el lenguaje, practican las costumbres y viven en la cultura cristiana— su muerte y resurrección espiritual no es tan fenomenal, su renovación interna es más significativa que la transformación externa.

Bethan Lloyd Jones, la esposa del doctor Martyn Lloyd Jones, el gran predicador de Gales, recibió una crianza cristiana, asistió toda su infancia a la iglesia, a las reuniones de oración, siempre se pensó cristiana; era esposa de pastor y oraba para que otros se convirtieran. Hasta el día que su esposo predicó que todos los hombres requerían por igual salvación. Se asustó e incluso se resintió por la implicación de ser considerada en la misma condición que aquellos sin religión. No fue sino hasta ese día que entendió el evangelio y comprendió la razón de la envidia que sentía por el gozo de los borrachos que se convertían, cuando ella carecía de este. De no ser porque el relato de su conversión está incluido en la biografía de su esposo, pocos se habrían enterado de un cambio externo, aunque ciertamente ella notó el interno.

El desempeño del nuevo corazón

Introducción

¡Tiene buen oído! Cuántas personas usan esa frase cuando descubren el talento musical de una persona. Así fue el caso de Quincy

Jones, quien comenzó a tocar la trompeta a una edad temprana y demostró tener un buen oído para la música. Sin embargo, tener un buen oído no fue suficiente para Quincy Jones, quien ha dicho que ha tenido que esforzarse mucho para desarrollar su habilidad para escuchar y comprender la música en un nivel más profundo. Esto le permitió trabajar con grandes músicos como Frank Sinatra, Louis Armstrong y Ray Charles.

Esto mismo sucede con el cristiano. El resultado de la regeneración es que el cristiano ¡tiene buen corazón! Pero al igual que el oído, el corazón espiritual debe desarrollarse. De hecho, la Biblia describe muchas de las corrientes de la santificación progresiva que encuentran su centralidad en el corazón.

Dios abre los ojos del corazón para comprender[12] la nueva dinámica de vida. La paz de Dios, lograda por Cristo, asimismo debe gobernar nuestros corazones (Col. 3:15). Nuestros corazones ahora son guardados por Dios en Cristo (Fil. 4:7). Dios planta pensamientos en nuestros corazones afines a Su voluntad: «Pero gracias a Dios que puso en el corazón de Tito la misma solicitud por vosotros» (2 Cor. 8:16). Las gracias fundamentales que nos permiten participar de todo el mundo espiritual están en el corazón (Ef. 3:17-18). Los tratos que Dios tiene con nosotros durante nuestro caminar son fundamentalmente en relación a nuestros corazones: «Sino que según fuimos aprobados por Dios para que se nos confiase el evangelio, así hablamos; no como para agradar a los hombres, sino a Dios, que prueba nuestros

---

12 La Reina Valera 1960 dice «alumbrando los ojos de vuestro entendimiento» (Ef. 1:18). El original ὀφθαλμοὺς τῆς καρδίας alude a los ojos del corazón.

corazones» (1 Tes. 2:4). La sede subjetiva de nuestra santificación se localiza en el corazón: «Sino santificad a Dios el Señor en vuestros corazones...» (1 Ped. 3:15). Es en nuestro corazón que palpita la certeza de nuestra salvación: «Y en esto conocemos que somos de la verdad, y aseguraremos nuestros corazones delante de él» (1 Jn. 3:19). Los impulsos de nuestra conciencia se emiten en el corazón «pues si nuestro corazón nos reprende, mayor que nuestro corazón es Dios, y él sabe todas las cosas» (1 Jn. 3:20). Valga la redundancia: ¡el corazón de la santificación es el corazón!

Su crecimiento en gracia

Dios no tiene hijos enanos (metafóricamente hablando) que nacieron pero nunca crecieron. Cada uno tiene una estatura diferente pero todos ellos crecen.

La renovación que ocurrió en la regeneración crece durante el resto de la vida cristiana. Así lo enseña 2 Corintios 4:16-17: «... aunque este nuestro hombre exterior se va desgastando, el interior no obstante **se renueva** de día en día. Porque esta leve tribulación momentánea produce en nosotros un cada vez más excelente y eterno peso de gloria» (énfasis añadido).

Esta es una antinomia. Por un lado, el espíritu interno evoluciona (va hacia adelante), mientras que el hombre externo involuciona (va hacia atrás). El hombre interior del cristiano es nuevo, pero día a día se renueva. La vida implantada en la regeneración continúa extendiéndose a cada zona del corazón hasta el día de la glorificación cuando culmina la renovación.

Dicho de otra manera: la regeneración es novedad completa de vida, pero, como un niño recién nacido, es necesario que crezca y se fortalezca; así es con el corazón. Hebreos 13:9 dice que «buena cosa es afirmar el corazón con la gracia...». La Biblia de la Américas tiene una mejor traducción: «Porque buena cosa es para el corazón el ser fortalecido con la gracia». El nuevo corazón necesita tónicos de gracia para seguir creciendo. Thomas Watson lo establece con elocuencia:

> La verdadera gracia es progresiva, de una naturaleza que se extiende y crece. Es con la gracia como con la luz: primero, está el amanecer; luego brilla más hasta el pleno mediodía. Los santos no solo se comparan con las estrellas por su luz, sino con los árboles por su crecimiento (Isa. 61:3; Os. 14:5). Un buen cristiano no es como el sol de Ezequías que retrocedió, ni como el sol de Josué que se detuvo, sino que siempre avanza en la santidad, y aumenta con el incremento de Dios.[13]

Su obediencia íntima

Uno de los aspectos añorados —pero poco logrados— en el antiguo pacto es la obediencia de corazón; así lo declara Joel: «Rasgad vuestro corazón, y no vuestros vestidos, y convertíos a Jehová vuestro Dios...» (Joel 2:13). La gracia del nuevo deja la religión mecánica y produce un brote interno de obediencia que no comienza

---

13 Thomas Watson, «The Upright Man's Character», en *Discourses on Important and Interesting Subjects, Being the Select Works of the Rev. Thomas Watson*, vol. 1 (Edinburgh; Glasgow: Blackie, Fullarton, & Co.; A. Fullarton & Co., 1829), 341.

ni termina en las apariencias: «No nos recomendamos, pues, otra vez a vosotros, sino os damos ocasión de gloriaros por nosotros, para que tengáis con qué responder a los que se glorían en las apariencias y no en el corazón» (2 Cor. 5:12).

En el sermón del monte, Jesús delató a los **fariseos** como **farsantes** por externalistas: «Porque os digo que si vuestra justicia no fuere mayor que la de los escribas y fariseos, no entraréis en el reino de los cielos» (Mat. 5:20). Expuso la espiritualidad auténtica, la que se inicia en el corazón y armoniza con la práctica. Por esto, no solo el acto del homicidio es condenable, el enojo que lo fermenta en el corazón lo es también (Mat. 5:21-22). Asimismo el adulterio se consuma en la cama, pero comienza en el corazón (Mat. 5:27-28).

En el Nuevo Testamento esta es la obediencia modelo, enseñada y potenciada. Nuestro recinto de adoración se halla ante todo en el corazón «... cantando con gracia en vuestros corazones al Señor con salmos e himnos y cánticos espirituales» (Col. 3:16). Nuestro trabajo no debe cumplir con las apariencias, debe ser auténtico «de corazón sincero» (Col 3:22). Nuestras dádivas se deliberan en el corazón: «Cada uno dé como propuso en su corazón...» (2 Cor. 9:6-9).

Las relaciones entre hermanos deben ser de corazón. Debemos tener conciencia íntima de los hermanos: «No lo digo para condenaros; pues ya he dicho antes que estáis en nuestro corazón, para morir y para vivir juntamente». (2 Cor. 7:3-4; 1 Tes. 2:17). Nuestro trato fraternal debe ser sin contaminación: «Pues el propósito de este mandamiento es el amor nacido de corazón limpio...» (1 Tim. 1:5). Debemos seguir la paz de corazón en la iglesia: «Y la paz de Dios gobierne en vuestros corazones, a la que asimismo fuisteis llamados en un solo cuerpo; y sed agradecidos» (Col. 3:15).

Y para aquellos que consideran al corazón como un factor opcional en la obediencia, les sorprenderá saber que las recompensas futuras dependen en gran parte de este. La recompensa de cada cual por su obra será supeditada a la actitud y móvil del corazón correspondiente. Ahora, los logros de muchos son mayúsculos, pero cuando se destapen las intenciones del corazón sus recompensas serán minúsculas, sus expectativas se desplomarán y sus admiradores se sorprenderán.

Aplicación

Dios tanto aprueba la obediencia íntima como desaprueba la desobediencia íntima. Aquellos que dicen «lo que importa son mis actos, lo que está en mis adentros es privado e irrelevante» ¡aciertan! Pero únicamente en el sentido de la ley civil. En la economía del Antiguo Testamento se medían los actos externos: robo, adulterio, violencia, estafas tal y como en nuestra sociedad; a las autoridades poco les importan los robos y los adulterios de corazón, y solo consideran los actos demostrables.

Pero en lo espiritual no es así. Tan importante es la obediencia externa como la íntima. La obediencia que no es de corazón es descalificada, y la obediencia que comienza con una buena intención pero no se materializa en actos externos también peca, pues: «Al que sabe hacer lo bueno y no lo hace le es pecado» (Sant. 4:17).

Por otra parte, la desobediencia de corazón, imperceptible para muchos, sigue siendo penada. En sus oraciones, David, a causa de la vista parcial de su corazón, pide ser librado de pecados ocultos, inadvertidos para él aunque no para el ojo clínico de Dios que «escudriña la mente y el corazón» (Heb. 4:12; Apoc. 2:23).

La renovación de su entendimiento

La regeneración redacta nuevamente la ley de Dios en el corazón por el Espíritu (2 Cor. 3:3) y cura la ceguera satánica con el colirio del evangelio (2 Cor. 4:6). La santificación continúa lo que la regeneración comenzó con una continua renovación descrita como «la renovación del entendimiento» (en Efesios 4:23 la renovación del espíritu de nuestra mente).

Esta renovación tiene por meta la restauración progresiva de la imagen de Cristo en nosotros. El nuevo hombre, el cual «... conforme a la imagen del que lo creó se va renovando hasta el conocimiento pleno» (Col. 3:10), tiene que aprender solo una lección, solo un tema: Cristo, en toda su profundidad, altura y anchura.

Aprender a Cristo no es un ejercicio académico intelectual, es un crecimiento en madurez. En Hebreos nos encontramos a un grupo reprendido por su falta de aprendizaje: «Porque debiendo ser ya maestros, después de tanto tiempo, tenéis necesidad de que se os vuelva a enseñar cuáles son los primeros rudimentos de las palabras de Dios». La deficiencia descrita no fue una insuficiencia doctrinal, o retraso escolar, o una carencia de inteligencia, sino una falta de conocimiento en la experiencia cristiana y obediencia cotidiana, que genera mayor iluminación por parte de Dios.

El alimento sólido no es para los intelectualmente privilegiados o los de alta escuela; es «para los que han alcanzado madurez, para los que por el uso tienen los **sentidos ejercitados** en el discernimiento del bien y del mal» (Heb. 5:14, énfasis añadido). La palabra para ejercicio es γυμνάζω, que hace referencia al entrenamiento práctico del atleta. La misma palabra figura más adelante en Hebreos 12:10 para describir a aquellos entrenados en la disciplina de Dios. El ejercicio implica un **entrenamiento práctico iluminado**, no un aprendizaje intelectual pasivo.

Las implicaciones de esta verdad son insólitas. Existen eruditos bíblicos inmaduros y cristianos poco instruidos maduros. Son los segundos los que han renovado su entendimiento, pues lo poco que han aprendido lo han experimentado, practicado, y han sido iluminados; en cambio, los primeros, con su estudio, solo han estimulado sus neuronas.

A. Rivetus fue un hombre de gran comprensión, reverenciado en la nación holandesa por su larga vida de estudio en busca del conocimiento divino, pero estando en su lecho de muerte, y conversando sobre las cosas celestiales, confesó: «Dios me ha enseñado más de sí mismo en diez días de enfermedad, de lo que pude obtener con todo mi trabajo y estudios».[14]

El conocimiento de Dios no viene por esfuerzos racionales, sino por inculcación espiritual. Eso, y solo eso, es la renovación del entendimiento.

---

14 Lindley Murray, *The Power of Religion on the Mind, in Retirement, Sickness, and at Death; Exemplified in the Testimonies and Experience of men Distinguished by Their Greatness, Learning, or Virtue* (Gale Ecco, Print Editions, 2018).

La mortificación del pecado

La regeneración del corazón no es la erradicación final del pecado. A partir de la conversión, el pecado no solo pasa a ser un brote excepcional, sino que continúa, aunque de forma diferente, como algo integral en los adentros del hombre regenerado: «Y si hago lo que no quiero, ya no lo hago yo, sino **el pecado** que mora en mí» (Rom. 7:20, énfasis añadido); «porque **el pecado** no se enseñoreará de vosotros; pues no estáis bajo la ley, sino bajo la gracia» (Rom. 6:14, énfasis añadido).

Por ende, la carne continúa como uno de los equivalentes del pecado: «Porque sabemos que la ley es espiritual; mas yo soy carnal, vendido al pecado» (Rom. 7:14). Se convierte en el contrincante principal del creyente y del Espíritu. El conflicto entre estas dos fuerzas es aguerrido, por esto se describen a la carne y al Espíritu como adversarios: «Digo, pues: Andad en el Espíritu, y no satisfagáis los deseos de la carne. Porque el deseo de la carne es contra el Espíritu, y el del Espíritu es contra la carne; y éstos **se oponen** entre sí, para que no hagáis lo que quisiereis» (Gál. 5:16-17, énfasis añadido). El lema del verbo «se oponen» es usado por Pablo el resto de veces para describir la palabra «adversario».

Por esto, aunque la transformación de la regeneración es contundente y su impulso hacia la santidad parece requerir un modesto esmero —cuando no nulo esfuerzo— por parte del creyente, las mismas porciones son seguidas de un llamado a la batalla.

En Romanos 6, después de afirmar la obsolescencia del viejo hombre, se llega a la primera zona de imperativos de la epístola: «No **reine**, pues, el pecado en vuestro cuerpo mortal, de modo que lo obedezcan en sus concupiscencias; ni tampoco **presentéis** vuestros miembros al pecado como instrumentos de iniquidad, sino **presentaos** vosotros mismos a Dios como vivos de entre los muertos, y vuestros miembros a Dios como instrumentos de justicia» (Rom. 6:12-13, énfasis añadido).

En Gálatas, tras la afirmación de la muerte del antiguo hombre, se exhorta a caminar por el Espíritu y a no andar según la carne (Gál. 5:16-17).

En Efesios es aún más patente: la exhortación al recuerdo del despojo del nuevo hombre está seguida por una vasta sucesión de imperativos: «Por lo cual, desechando la mentira, **hablad** verdad cada uno con su prójimo; porque somos miembros los unos de los otros. **Airaos**, pero **no pequéis**; no se ponga el sol sobre vuestro enojo» (Ef. 4:25-26). El patrón paralelo se encuentra en Colosenses.

Pedro, por su cuenta, después de describir las excelencias de la gracia constitutiva que nos ha sido concedida para ser participantes de la naturaleza divina, no termina ahí: exhorta con imperativos a añadir un amplio espectro de frutos espirituales y perseverancia (2 Ped. 1:5ss.).

Santiago, asimismo, después de exhortar a sus lectores a dejar de culpar a Dios por sus tentaciones, no atribuye sus caídas en pecado a una regeneración deficiente o a una falta de un bautismo en el Espíritu, sino a la falta de tomar una acción correspondiente a la regeneración.

De modo que el pecado ha sido destronado, pero no erradicado. Ya no es el partido de mando, pero no deja de sublevarse en contra del cetro de Cristo en el corazón. La batalla que este ocasiona no es una escaramuza infantil, es un duelo a muerte:

«Amados, yo os ruego como a extranjeros y peregrinos, que os abstengáis de los deseos carnales que batallan contra el alma» (1 Ped. 2:11). «¿De dónde vienen las guerras y los pleitos entre vosotros? ¿No es de vuestras pasiones, las cuales combaten en vuestros miembros?» (Sant. 4:1-2); «Así que, hermanos, deudores somos, no a la carne, para que vivamos conforme a la carne; porque si vivís conforme a la carne, moriréis; mas si por el Espíritu hacéis morir las obras de la carne, viviréis» (Rom. 8:12-13).

La aguerrida lucha que se lleva en el nuevo corazón no habla de gracia impotente, sino de un tenaz pecado remanente, pero también de un potente arsenal de gracia que abastece al nuevo corazón capaz de derrotar al pecado remanente que anteriormente se jactaba de invicto.

La gracia del nuevo pacto ha logrado lo que ni la ley, ni los privilegios, ni los diversos arreglos providenciales lograron en la era veterotestamentaria. ¡Creyente, tienes la garantía de Dios de que su gracia te basta para que controles tu corazón y dejes de ser controlado por este! Pero prepárate porque no habrá victoria sin sudor, triunfo sin batalla, derrota de tu pasado sin dolor. La gracia de Dios es un tónico, no un sedante. La victoria ha sido garantizada, mas no automatizada.

Charles Wesley, el preciado escritor de himnos cristianos, experimentó que la conversión es la instauración de la paz con Dios, pero a la vez es una declaración de guerra en contra del pecado. En el acto mismo de su conversión fue estremecido por esta batalla:

> Sentí una violenta oposición y renuencia a creer; sin embargo, el Espíritu de Dios luchó con el mío y con el espíritu maligno, hasta que gradualmente ahuyentó

las tinieblas de mi incredulidad. Me convencí, no sé cómo ni cuándo; y enseguida caí en la intercesión [...]. Ahora me encontré en paz con Dios, y me regocijé en la esperanza de amar a Cristo. Mi temperamento durante el resto del día fue la desconfianza de mi propia gran, pero antes desconocida, debilidad. Vi que por la fe me mantenía en pie; por el continuo apoyo de la fe, que me impedía caer, aunque por mí mismo me estoy hundiendo siempre en el pecado. Me fui a la cama todavía sensible a mi propia debilidad... pero contento con la protección de Cristo".[15]

---

15 Tyson, J. R. (2003). Wesley, Charles. In Timothy Larsen, ed., *Biographical Dictionary of Evangelical* (Westmont, IL: InterVarsity, 2003), 711.

CAPÍTULO 6

El conocimiento de tu corazón

La capacidad de conocernos mientras los hombres permanecen desconocidos

La luz de la regeneración ha abierto nuestros ojos para conocer a Dios e igualmente a nosotros mismos. Pues Cristo vino a revelar a Dios y a manifestar el interior del hombre. Simeón profetizó del niño Jesús que por su ministerio sería revelado el pensamiento de muchos corazones.

Y así fue: durante Su ministerio terrenal, interactuar con Jesús era muy intimidante, pues a diferencia de los otros maestros era el único que sabía leer los labios del corazón: «Jesús entonces, conociendo los pensamientos de ellos, respondiendo les dijo: ¿Qué cavilas en vuestros corazones?» (Luc. 5:22); «y Jesús, percibiendo los pensamientos de sus corazones, tomó a un niño y lo puso junto a sí» (Luc. 9:47). Solo Jesús podía penetrar más allá de las palabras: «... Jesús mismo no se fiaba de ellos, porque conocía a todos, y no tenía necesidad de que nadie le diese testimonio del hombre,

pues él sabía lo que había en el hombre» (Juan 2:24-25, énfasis añadido).

Lamentablemente el mundo descarta que Jesús sea un experto cardiólogo y, con la misma intensidad que rechaza su diagnóstico, se ha afanado en explorar al hombre desde otras perspectivas. La máxima «conócete a ti mismo» del oráculo de Delfi ilustra esta búsqueda constante a través de la historia. Autores como Platón, Freud, Marx, Skinner, Sartre, Lorenz y el cristianismo han presentado sus teorías acerca de la naturaleza humana. Expuestas en el libro de Leslie Stevenson «Siete teorías de la naturaleza humana»,[1] con sus diferentes ángulos: la de Platón el filósofo, la de Freud el psicólogo, la de Marx el filósofo y líder político, Skinner el psicólogo, Sartre el filósofo, Lorenz el etólogo y finalmente la del cristianismo.

Excepto por la última, todas tienen el común denominador: rechazan el testimonio de Cristo y adoptan de la observación humana expresada en «Un ensayo acerca del hombre» por Alejandro Pope del siglo XVII:

> Conócete a ti mismo, no presumas que Dios habrá de conocerte; el estudio apropiado del hombre es el hombre.

Sin embargo el ejercicio intelectual de los filósofos, psicólogos, sociólogos, biólogos, a lo largo de la historia ha sido inútil, pues hasta ahora no se ha llegado a un acuerdo común, una llave maestra, una verdad universal, culminación y consumación de

---

1 Leslie Stevenson, *Seven Theories of Human Nature* (Nueva York: Oxford University Press).

todo estudio y observación. Siguen brotando más filósofos, psicólogos, sociólogos, biólogos, que continúan aprendiendo, pero
nunca llegan al conocimiento unificado de la verdad, pues siguen
contradiciéndose entre sí.

El enfoque naturalista de los pensadores es como un faro que
ilumina solo una parte del mar, es capaz de conocer los aspectos
terrenales del hombre, pero incapaz de explorar las profundidades
de la imagen de Dios en él. El enfoque divino es como un subma-
rino que nos permite sumergirnos en las profundidades de nuestra
humanidad y comprender al hombre desde adentro hacia afuera.

A ti y a mí se nos ha otorgado tanto la revelación de la Biblia
como la iluminación del Espíritu. Somos capaces de aprender las
cosas que ojo no vio, ni oído escuchó. El cristiano posee lo que
ni aun el más grande pensador ha sido capaz: la iluminación para
poder descifrarse a sí mismo.

Por esto, el instinto de los santos a través de la historia ha sido
el recurrir a Dios para examinarse y conocerse. David ora en el
Salmo 26:1-3: «Júzgame, oh Jehová, porque yo en mi integridad
he andado; he confiado asimismo en Jehová sin titubear. Escudrí-
ñame, oh Jehová, y pruébame; examina mis íntimos pensamientos
y mi corazón. Porque tu misericordia está delante de mis ojos, y
ando en tu verdad». Él acude a Dios como el revelador omnisciente
capaz de escrutar su corazón, de penetrar las profundidades de su
ser (Sal. 149:1-6) y de su pecaminoso corazón. Asimismo, Job bajo
la prueba se sometió al escrutinio divino (Job 31:6).

Pablo, asimismo, recomienda a los corintios el autoexamen:
«Examinaos a vosotros mismos si estáis en la fe; probaos a vosotros
mismos. ¿O no os conocéis a vosotros mismos, que Jesucristo está
en vosotros, a menos que estéis reprobados?» (2 Cor. 13:5).

Por esto, la teología del corazón no debe ser un ejercicio académico que ilumine nuestro intelecto pero deje nuestro corazón arrumbado en oscuridad, sino una teología práctica, un manual de adiestramiento para aprender cómo es que podemos conocer el corazón.

Antes de entrar a lo práctico, cabe afinar nuestras expectativas.

¿Cuánto se puede conocer el corazón?

Agustín dijo:

La Escritura nos llama a un peregrinaje para descubrir tanto a Dios como a nosotros mismos.[2]

Y, como Agustín argumentó, sólo en tal viaje espiritual puede el significado del clásico consejo filosófico «conócete a ti mismo y sé fiel a ti mismo» tomar un significado más profundo y verdaderamente cristiano.

Este maravilloso peregrinaje oscila entre dos realidades en tensión: por un lado, hemos sido llamados a la perfección, pero también es verdad que nunca la alcanzaremos en este lado de la tumba. Aplicado al corazón, es un llamado a conocerlo al máximo, aunque no alcanzaremos esa meta sino hasta que amanezcamos glorificados.

Pablo, uno de los creyentes más avanzados, vivió esta tensión. En una asombrosa porción de las epístolas, en el contexto de la relación entre la recompensa divina y las intenciones del corazón,

---

2 Charles Sherlock, *La Doctrina de la Humanidad*, ed. Gerald Bray, Contours of Christian Theology (Downers Grove, IL: InterVarsity Press, 1996), 33.

Pablo confiesa: «... **ni aun yo me juzgo a mí mismo. Porque aunque de nada tengo mala conciencia, no por eso soy justificado; pero el que me juzga es el Señor.** Así que, no juzguéis nada antes de tiempo, hasta que venga el Señor, el cual aclarará también lo oculto de las tinieblas, y manifestará las intenciones de los corazones; y entonces cada uno recibirá su alabanza de Dios» (1 Cor. 4:3-5, énfasis añadido).

Pablo, el apóstol que más revelaciones recibió, no conocía todo aspecto por conocer de las intenciones de su corazón. Él afirma que de nada tenía mala conciencia, pero entre una buena conciencia y el perfecto conocimiento de nuestras intenciones existe un vasto campo solo conocido por Dios. Antes de la gloria «vemos por espejo, oscuramente; mas entonces veremos cara a cara. Ahora conozco en parte; pero entonces **conoceré como fui conocido**» (1 Cor. 13:12, énfasis añadido). ¡Qué gloriosa verdad! ¡Aquellos que luchan por entenderse en la gloria serán conocidos con la misma profundidad y exactitud con la que Dios los conoce!

Junto con esta advertencia, debemos también afirmar que por la gracia de Dios podremos descubrir nuevos horizontes de nuestro corazón, ocultos anteriormente por el engaño del pecado. Y podremos más efectivamente luchar en contra de la tentación. El puritano John Owen bien dijo:

> El que no quiera entrar en tentación trabaje para conocer su propio corazón, para conocer su espíritu, su marco natural y su temperamento, sus lujurias y corrupciones, sus debilidades naturales, pecaminosas o

espirituales, donde su debilidad reside, para así mantener a distancia todas las ocasiones de pecado.[3]

La invitación a conocerte

Hasta ahora este libro ha tratado con el conocimiento del corazón, pero no es suficiente. A medida que nos adentramos en las páginas, el enfoque se vuelve más personal. Pues de poco servirá que conozcas mucho acerca del corazón si después de cerrar el libro sigues desconociendo el tuyo.

Te invito a una misión que traerá mucho provecho a tu vida. Te invito a convertirte en el cartógrafo oficial de tu corazón. Te invito a bosquejar la topografía del hombre interior, a rastrear su terreno, desde las cúspides de santidad hasta las profundidades cenagosas de tu pecado, tanto los aspectos placenteros como los displicentes y aun los horrendos.

¿Pero por qué es esto importante? Porque todos tenemos santidad y corrupción de corazón por igual, pero no todo corazón es igual en su santidad y su corrupción. Cada cartografía es única según las diferencias de temperamento, formación y experiencias peculiares de cada cual, que producen formaciones de pecado diferentes.

Esta misión no tiene la intención de ser narcisista, masoquista o morbosa, sino de ubicar las áreas que requieran mayor oración, empeño santo, o descubrir las debilidades inmunitarias de tu vida espiritual. De esta manera, sabrás las circunstancias que

---

3 John Owen, *Las Obras de John Owen* (Editado por William H. Goold. Vol. 6. Edimburgo: T & T Clark, n.d).

debes evitar para que tu vida espiritual se desenvuelva con menos tropiezos.

Antes de iniciar la misión, una advertencia más. Tal como una persona deformada, el corazón prefiere permanecer anónimo. Habita en una casa donde se han roto todos los espejos, pues ama su corrupción y prefiere imaginar su rostro que verlo en realidad y lo menos que desea es que alguien rompa el encanto. Tal como diría un poeta: «Vivimos huyéndonos».

Por esto, cada vez que la gracia de Dios ilumine tu corazón, debes anotarlo antes de que el mismo corazón borre el rastro del descubrimiento (Sant. 1:22-23).

A continuación, encontrarás pasos prácticos, ideales para comenzar un diario con anotaciones de tu corazón. No pretenden incluir toda ventana por medio de la cual podamos asomarnos a nuestro corazón, pero no obstante te ayudarán en la misión de elaborar la cartografía de tu interior.

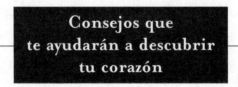

Consejos que
te ayudarán a descubrir
tu corazón

Anota los hallazgos revelados por la oración, la palabra y la providencia de Dios.

El poder revelador de la oración

Solo Dios es capaz de conocer el corazón del hombre, «porque sólo tú conoces el corazón de los hijos de los hombres» (2 Crón. 6:30). David reconocía las limitaciones del autoconocimiento y pide a Dios asistencia en conocer su propio corazón: «¿Quién podrá entender sus propios errores? Líbrame de los que me son ocultos» (Sal. 19:12).

Él sabía que su conciencia tenía una sensibilidad limitada. Había pecados que pasaban inadvertidos, sin ser alumbrados por el reflector de Dios: «Lámpara de Jehová es el espíritu del hombre, la cual escudriña lo más profundo del corazón» (Prov. 20:27).

De su propia experiencia, Spurgeon oraba:

> Oh Señor, lava en la sangre expiatoria incluso aquellos pecados que mi conciencia ha sido incapaz de detectar.[4]

Los pecados secretos, como los conspiradores privados, deben ser perseguidos o pueden hacer daño mortal. Es bueno estar mucho en oración acerca de ellos. Si tuviéramos ojos como los de Dios, deberíamos pensar muy diferente de nosotros mismos.

Asimismo, Jonathan Edwards dependía de la oración como un poderoso antídoto en contra del autoengaño:

> En cuanto a su experiencia religiosa temprana, Edwards no era alguien que se sintiera satisfecho de su estado espiritual por razones insuficientes [...]. Sobre todo oraba para que se le permitiera escudriñar con mayor precisión su propio corazón y escapar del peligro del autoengaño [...]. Y así, estudiándose a sí mismo bajo la luz penetrante de la palabra, y las influencias de

---

4 J. I. Packer, «Introducción», en *Psalms*, Crossway Classic Commentaries (Wheaton, IL: Crossway Books, 1993), 70.

gracia del Espíritu de Dios, adquirió ese conocimiento exacto de los diversos ejercicios internos y muestras externas del carácter cristiano, que le permitieron en años posteriores, con tal habilidad, discernir entre las apariencias y la realidad religiosa.[5]

También John Owen hablaba de las obras del Espíritu en esto:

El Espíritu en esta tarea es como la vela del Señor hacia el alma, permitiéndole buscar todas las partes internas del vientre. Da una luz santa y espiritual a la mente, permitiéndole buscar los recovecos profundos y oscuros del corazón, para encontrar las maquinaciones sutiles y engañosas, las creaciones e imaginaciones de la ley del pecado en él.[6]

La oración de iluminación debe ser cotidiana. En el mundo suele decirse: «Conócete a ti mismo». Entre los cristianos se debe decir: «Dios, descubre mi corazón». Él es el Google de nuestros corazones, con la diferencia de que cada resultado es verdadero y fiable.

El poder revelador de la Palabra

La Biblia es extraordinaria, es el único libro que al leerlo nos lee.

---

5 Jonathan Edwards, *The Memoirs of Jonathan Edwards*, ed. electrónica (Escondido, CA: Ephesians Four Group, 2000), 15.

6 John Owen, *The Works of John Owen*, ed. William H. Goold, vol. 6 (Edinburgh: T&T Clark, n.d.), 226.

La Biblia es una palabra viva, no solo una mera letra impresa. No es algo para simplemente leer una vez y guardar en un estante, es alimento espiritual pues no solo fue inspirada por el Espíritu de Dios, sino que también es un medio por el cual Él habita y actúa en nuestras vidas. La Biblia tiene el poder de llegar y descubir lo más profundo de nosotros, «partiendo el alma y el espíritu, las coyunturas y los tuétanos, y discierne los pensamientos y las intenciones del corazón» (Heb. 4:12). Las siete iglesias del Apocalipsis fueron desnudadas por la palabra de Cristo. Repetidas veces se dirige a ellas con «yo conozco tus obras». La Palabra de Cristo cumple una doble función: instruye la mente y descubre el corazón.

Pero no debemos suponer que porque la Biblia está inspirada seremos automáticamente iluminados. La Escritura es el aliento de Dios entintado en palabras, pero tanto la inspiración en su creación como la comprensión requieren la acción del Espíritu Santo.

Cabe aclarar que la obra del Espíritu no es iluminar el texto, sino el entendimiento del lector. El pueblo judío, milenario guardián y conocedor de la Escritura, desconoció al Mesías porque su entendimiento se embotó (2 Cor. 3:14). Cristo es el único que despeja las tinieblas de la mente «porque el Señor es el Espíritu; y donde está el Espíritu del Señor, allí hay libertad» (2 Cor. 3:17).

Por esto, la lectura de la Palabra nos debe llevar a la oración tanto como la oración debe prepararnos para la lectura de la Palabra. George Whitefield, durante su conversión, se detenía antes de comenzar la siguiente página a orar para que Dios iluminara su contenido. Será exagerado, pero en esta época vivimos en el polo opuesto: se piensa que una buena exprimida de neuronas más que la dependencia del Espíritu nos dará la correcta interpretación de la Escritura.

Cristiano, toma en serio orar a Dios para que ilumine Su Palabra y esta alumbre tu corazón.

La revelación de la providencia de Dios

La muerte de un hermano suele causar una gran tristeza y un deseo de volver a verlo. Sin embargo, en el caso de Robert Murray McCheyne su experiencia fue diferente. Él era un cristiano modelo, ejemplo espiritual histórico, en su vida había pocas cosas por las que uno pudiera llegar a pensar que necesitara arrepentimiento, tenía un corazón ejemplar. Con todo, fue la providencia de la muerte de su hermano la que descubrió más de la corrupción de su propio corazón:

> En esta mañana del año pasado vino el primer golpe abrumador a mi mundanalidad; cuán bendecido para mí, Tú, oh Dios, solo lo sabes, quien lo has hecho así.[7]

La providencia de Dios es como un juego de carambola donde las bolas son los corazones de los hombres impactados por los sucesos diarios, que a su vez generan acciones que escriben los capítulos de la historia cumpliendo los diseños predeterminados por la soberanía de Dios.

Uno de los efectos de la providencia es alumbrar zonas de pecado en nuestro corazón. Varios escucharon el gallo que cantó

---

7 Andrew A. Bonar, *Memoir and Remains of the Rev. Robert Murray McCheyne* (William Midddleton, 1852), 21.

tres veces después de que Jesús fue arrestado, pero en el caso de Pedro esa providencia delató que detrás de su arrojo de valentía yacía cobardía y deslealtad.

Dios utiliza los sucesos de Su providencia como herramientas para tratar con nuestros corazones, por esto el suceso que para una persona es insignificante para otro es impactante. Es importante estar atentos a los eventos que se presentan en nuestra vida y reflexionar sobre cómo estos revelan más nuestro corazón y la ruta correcta para el crecimiento.

• **Anota los hallazgos de tu corazón revelados por la ley de Dios**

En mi infancia, uno de mis juguetes favoritos era un juego de química. Experimentar con la mezcla de diferentes sustancias y descubrir sus reacciones me llenaba de asombro: desde la generación de calor hasta las pequeñas explosiones causadas por la efervescencia.

La corrupción de nuestro corazón es como una sustancia química que reacciona, y nada causa mayor reacción que exponerlo a la ley de Dios. El corazón en su estado caído mezclado con la santa ley de Dios detona. El furor de esta reacción se contempla en Romanos 7:

> ¿Qué diremos, pues? ¿La ley es pecado? En ninguna manera. Pero yo no conocí el pecado sino por la ley; porque tampoco conociera la codicia, si la ley no dijera: No codiciarás. **Mas el pecado, tomando ocasión por el mandamiento, produjo en mí toda codicia; porque sin la ley el pecado está muerto. Y yo sin la ley vivía en un tiempo; pero venido el**

mandamiento, el pecado revivió y yo morí. Y hallé que el mismo mandamiento que era para vida, a mí me resultó para muerte; porque el pecado, tomando ocasión por el mandamiento, me engañó, y por él me mató (Rom. 7:7-11, énfasis añadido).

Notemos primero que, sin la ley de Dios, el pecado pasa inadvertido: «Pero yo no conocí el pecado sino por la ley». Es decir, los mandamientos de Dios escanean el corazón y sublevan a las zonas transgresoras.

Pero la cosa empeora. El mandamiento no solo descubre, también incita al pecado en el corazón. «Y yo sin la ley vivía en un tiempo; pero venido el mandamiento, el pecado revivió y yo morí». La ley pronuncia su santidad, el corazón rehúsa someterse y se revela punto a punto.

Exponer los mandamientos al corazón es similar a la prueba de alergias en donde se inyectan diferentes sustancias en la espalda para que, por los brotes de ronchas, se descubra la alergia.

El examen eficaz debe ahondar en el hombre interior, pues fue lo que causó reacción en el corazón de Pablo. John MacArthur correctamente indica:

> Pablo había sido entrenado en el judaísmo desde su juventud, había estudiado bajo el famoso Gamaliel en Jerusalén, había tratado de seguir la ley meticulosamente y se había considerado celoso de Dios (Hech. 22:3; Gál. 1:13-14; Fil. 3:5-6a) [...]. Durante su experiencia de convicción antes de la salvación, **Pablo se dio cuenta de que las demandas más importantes de la ley revelada de Dios no eran**

externas sino internas [énfasis mío] y que él no las
había cumplido. Es significativo que el apóstol eligió
el mandamiento interno más obvio de los Diez Mandamientos para ilustrar su experiencia personal de que
la ley revela el pecado. No habría sabido nada acerca
de la codicia, explica, si la ley no hubiera dicho: «No
codiciarás». Puede haber sido la creciente conciencia
de su propia codicia que finalmente rompió su orgullo y abrió su corazón a la obra transformadora del
Espíritu.[8]

Cuando ponderamos el espíritu de la ley —y no solo la letra—
es cuando salimos raspados. Al considerar que el primer mandamiento de la adoración a Dios no se cumple con hacer acto de
presencia en la iglesia, sino que viene acompañado de ejercicios
espirituales como alistar el corazón para la adoración —como
David en el Salmo 103—, dar nuestras ofrendas sacrificialmente
con agrado y no solo por obligación, escuchar la predicación con
atención combatiendo la distracción y la indiferencia, demos-
trando que Dios es supremo, por encima del trabajo, la diversión
y la familia. Esta es la clase de cumplimiento a la que el corazón
responde con una declaración abierta de guerra.

No conoceremos nuestro corazón si consideramos que el
quinto mandamiento solo cubre los homicidios que derraman
sangre, ignorando que el derramamiento de odio que concibe
muertes en el paredón de nuestro corazón es también parte de
su cumplimiento.

---

8 John F. MacArthur Jr., *MacArthur New Testament Commentary
Series: Romans* (Chicago: Moody Press, 1991), 368-369.

¿Deseas conocer las inclinaciones pecaminosas de tu corazón? Pregúntate: ¿cuáles son los mandamientos que le cuesta a tu corazón cumplir? Ese que, si pudieras, borrarías de la lista de los Diez Mandamientos. Ubica ese mandamiento y habrás encontrado los fuertes de tu iniquidad.

Lo inverso también es verdad. Los mandamientos que antes despreciabas, pero que ahora aprecias, aun si todavía te causan cierta repelencia, muestran tus avances en gracia.

- **Anota los hallazgos revelados por las pruebas**

El escritor C.S. Lewis escribió acerca de las pruebas:

> Podemos ignorar incluso el placer. Pero el dolor insiste en ser atendido. Dios nos susurra en nuestros placeres, nos habla en nuestra conciencia, pero grita en nuestros dolores: es su megáfono para despertar a un mundo sordo.

Esta misma experiencia la registró Job en su calamidad. En la etapa temprana de su prueba, él defiende su integridad y se queja del escrutinio de Dios: «¿Son tus días como los días del hombre, o tus años como los tiempos humanos, para que inquieras mi iniquidad, y busques mi pecado, aunque tú sabes que no soy impío, y que no hay quien de tu mano me libre?» (Job 10:5-7).

Pero cuando llega al término de su prueba, las presiones aplicadas por esa negra providencia a su corazón revelan el orgullo que cuestionó los caminos de Dios. La conclusión exhibe un dramático cambio de actitud: «De oídas te había oído; mas ahora mis ojos te ven. Por tanto me aborrezco, y me arrepiento en polvo y ceniza» (Job 42:5-6).

El apóstol Pedro indica que durante el peregrinaje terrenal somos afligidos por pruebas con el fin de purificar nuestro corazón tal como el oro es limpiado de las impurezas. Con el dolor, Dios ilumina las escorias del corazón y nos ayuda a renunciar a todos aquellos pecados a los que anteriormente nos aferrábamos.

Raimundo Lulio, a quien se lo conoce como el apóstol de los musulmanes, después de instalarse en tierra musulmana compró a un esclavo sarraceno para que le enseñara a hablar árabe (ya que nadie más estaba dispuesto a enseñarle después de enterarse de que la intención de Raimundo era desmentir el Corán con la Escritura). Un día, después de nueve años de estudio, el esclavo blasfemó contra Cristo. Raimundo le dio una bofetada al esclavo. El esclavo, enfurecido, sacó un arma e intentó atentar contra la vida de su amo. Después de ser encarcelado, decidió quitarse la vida en lugar de ser condenado a morir. Esta experiencia fue una dolorosa lección para Raimundo. Dios le mostró que su falta de paciencia era incompatible con su llamado sacrificial de alcanzar a los musulmanes. Debido a esta transformación, posteriormente murió como Esteban, siendo apedreado por una multitud mientras intentaba persuadirlos del amor de Cristo.

John Wesley, conocido por muchos como un bastión de fe, describió en su diario cómo durante una tormenta marítima las olas que cubrían el barco descubrieron en su corazón una carencia de fe. En el mismo barco, un grupo de familias creyentes alemanes oraban imperturbables ante la posibilidad de la muerte, mientras él se resistía a la idea de morir.

_____

**Las pruebas tienen una habilidad única para
ajustar la imagen distorsionada que tenemos
de nuestro propio corazón.**

_____

• **Anota el índice de hipocresía que hay en tu vida**

La llamada no era para mí, solo que yo conteste y, para mi sorpresa, escuché la voz de un pastor a quien admiraba y a cuyas conferencias había asistido por muchos años. Antes de que pudiera transferir la llamada a la persona que buscaba de la empresa, derramó a mi oído cálidas palabras de empatía en relación con una extrema aflicción por la que yo y mi familia habíamos transitado. El problema es que cuando estalló el escándalo que lesionó a mi familia, se mantuvo al margen, no recibimos ni una sola llamada de él.

Cuando hablamos de la hipocresía a menudo la asociamos con los fariseos, pues Jesús mismo los tachó específicamente de hipócritas. La hipocresía de los fariseos era su *modus operandi*, era el rasgo más notorio de su perfil religioso y la evidencia de que eran farsantes religiosos y no auténticos creyentes.

Sin embargo, la hipocresía es un rasgo exclusivo de los inconversos (como los fariseos, también se da entre creyentes). A manera de hablar, los fariseos eran hipócritas mayores, pero entre creyentes existen hipócritas menores. Es decir, creyentes cuya hipocresía no es el rasgo que los define sino una inconsistencia de su carácter. Encontraremos cierta medida de hipocresía tanto en la oveja recién convertida como en el pastor maduro.

Todos tenemos episodios de hipocresía que revelan inconsistencias entre nuestra persona pública y nuestra persona privada, aun los apóstoles. En Gálatas 2 encontramos un caso de hipocresía en un eminente líder de la iglesia: «Pero cuando Pedro vino a Antioquía, le resistí cara a cara, porque era de condenar. Pues antes que viniesen algunos de parte de Jacobo, comía con los gentiles; pero después que vinieron, se retraía y se apartaba, porque tenía miedo de los de la circuncisión. Y en su simulación participaban también los otros judíos, de tal manera que aun Bernabé fue también arrastrado por la **hipocresía** de ellos» (Gál. 2:11-13, énfasis añadido).

En esta instancia, Pedro deja la libertad que practicaba con los creyentes gentiles y se pone el disfraz de observancia del judaísmo para evitar las críticas de los hermanos de abolengo en Jerusalén. Pedro no era un hipócrita de fábrica, pues antes de esto él había sido aquel que junto con Pablo había alegado abiertamente ante la iglesia de Jerusalén la admisión de Dios para con los gentiles. Fue más bien una zona de orgullo étnico en su corazón la que lo llevó a este episodio de hipocresía.

Un ejercicio sencillo para realizar (que raspa el orgullo) es preguntar a nuestra esposa/esposo, hijos —hermanos, si eres soltero— la diferencia entre nuestro comportamiento en casa y el de la iglesia. Pues a todos nos gusta darnos un baño de oro antes de presentarnos en la iglesia.

Pero es precisamente en el closet de los trajes de apariencia que llevamos a la iglesia donde se localizan las áreas de debilidad espiritual de nuestro corazón.

- **Anota la diferenciación entre tus atributos naturales y los rasgos de tu pecaminosidad**

El Dios de la naturaleza no es distinto al Dios de la redención. La creación y la redención son complementarias. La redención no cambia la naturaleza original de cada persona, más bien remueve la contaminación del pecado y reorienta la persona y personalidad al servicio de Dios.

En la santificación, el Espíritu Santo como gran escultor continúa la restauración y, con el cincel de la gracia, remueve la corrosión del pecado para que volvamos a funcionar conforme al diseño original. Es un escultor muy preciso que con el cincel remueve el pecado sin mutilar el perfil natural. De hecho, la gracia de Dios refina nuestros dotes naturales para maximizar su desarrollo.

Durante el proceso, confundimos las áreas de pecado del corazón con los rasgos naturales de nuestra personalidad. Y viceversa: confundimos el fruto espiritual con lo que en realidad son virtudes naturales. Como se mencionó anteriormente, la experiencia de Pablo antes y después de convertirse manifiesta esto. Pablo aventajaba a muchos de sus contemporáneos por aptitudes naturales; después de convertido, también aventajó al resto de los apóstoles: «Pero por la gracia de Dios soy lo que soy; y su gracia no ha sido en vano para conmigo, **antes he trabajado más que todos ellos**; pero no yo, sino la gracia de Dios conmigo» (1 Cor. 15:10, énfasis añadido). Dios toma nuestras aptitudes natas, las refina y las expande.

Lo contrario también ocurre. Percibimos a una persona imprudente o indiscreta cuando es posible que nos estemos enfrentando a alguien de naturaleza expresiva. O tachamos a alguien de insensible cuando en realidad es de personalidad estoica. O acusamos a alguno de falta de dominio propio cuando en realidad sus aparentes excesos son manifestaciones de su naturaleza dadivosa. Y hay actos que son leídos como malas obras, cuando son en realidad flaquezas naturales.

El proceso de diferenciación, aun con la luz de Dios, puede llevarnos toda una vida. Pero cada descubrimiento expende el conocimiento propio y nos enfoca mejor en nuestro crecimiento. Entre las biografías cristianas, la de David Livingstone es una de las más ilustres. Spurgeon consideró un honor el haber estrechado su mano. Sin embargo, le habría hecho bien reconocer que su fuerza de voluntad para tener éxito, una característica de su personalidad, le hacía difícil admitir sus errores y ser compasivo con los errores de los demás. Esto se pudo haber visto en el caso de Thomas Baine, un colega al que Livingstone negó una oportunidad justa para defenderse de una falsa acusación de robo. Cuando no controlamos nuestras fortalezas innatas, pueden llevarnos a errores que, al espiritualizarlos, se convierten en áreas cerradas con candado, difíciles de cambiar.

Así fue en el relato de Marta y María con el Señor: Marta debió de estar presta a dejar los quehaceres y apresurarse a sentarse a los pies de Jesús como María, pues la comunión con Cristo se antepone al servicio. La naturaleza práctica de Marta, no obstante, no debe ser condenada, únicamente que esta no le permitió valorar la comunión con el Señor.

El apóstol Pedro era un hombre impetuoso. Su fuerza de voluntad le permitió tomar el liderazgo el día de Pentecostés y dirigirse ante la multitud con el primer sermón cristiano de la historia de la iglesia. Lo que él debía mortificar eran los excesos de su impetuosidad que lo llevaban a hablar antes de pensar, a disparar antes de apuntar.

Conocer nuestra constitución natural también nos permitirá descubrir a qué áreas de pecado somos más susceptibles y qué aspectos de la santidad nos resultan más sencillos. A una persona de naturaleza ordenada, al convertirse, le será más fácil llegar a ser aún más organizada, mientras que una persona desordenada (como los creativos), al convertirse, mostrará más orden en su vida, pero este orden es el resultado de su lucha diaria en contra del caos que sin la gracia lo controlaría.

En el examen de la diferenciación entre lo natural y lo espiritual encontraremos que, en aspectos de espiritualidad más espontánea, hay más de nuestra inclinación natural de lo que nos gustaría admitir.

Pero también será verdad que en algunas cosas en las que se nos tacha de pecadores somos afectados por flaquezas naturales ausentes en otros. Como seguramente lo era en el caso de Timoteo, en quien tanto la tendencia de avergonzarse del evangelio como su necesidad de avivar el fuego de su don ministerial contenían un elemento de timidez personal.

Aplicación

Madres, padres, esta es una de las tareas en la crianza de niños. No podemos reducir la crianza a una serie de obligaciones y prohibiciones. Antes de cultivar la espiritualidad en nuestros hijos debemos entender las distinciones naturales entre ellos. Como abuelo me admiro de ver a mis nietos con temperamentos e inclinaciones naturales notoriamente diferentes aun dentro de una misma familia.

El padre que conoce quiénes son sus hijos sabrá pulir con espiritualidad lo que Dios ha instalado por naturaleza. Criar a nuestros hijos no es solo conformarlos a un estándar de conducta; es más bien desarrollar la inclinación natural que Dios ha creado con una orientación, fortaleza y motivación espiritual que los capacite para contrarrestar el pecado que los hace tropezar.

Palabra de advertencia. Para aquellos con fortalezas naturales que se alinean a los valores y frutos del Espíritu —tal como ser de personalidad ordenada— es importante aclarar que su crecimiento espiritual no consiste meramente en ser aún más ordenados. Cuando nos convertimos, no solamente debe mejorar nuestra conducta, también deben cambiar nuestros móviles. El que es ordenado ahora es ordenado para la gloria de Dios, no para exaltarse delante de sus hermanos. Esto puede implicar que el Señor lo llame a un orden en su vida diferente del que ha estado acostumbrado. Ojo, no dije un llamado al desorden, sino un llamado a un orden distinto que demande la mortificación de algunos de nuestros hábitos favoritos y que requiera una fresca dispensación de dependencia de Dios.

La dependencia de Dios y la exaltación de la gloria de Dios en nuestras vidas no son una opción. Dios está determinado a que se cumplan en nosotros aun si eso implica que tenga que replantear la ruta de Su providencia para que corra contraria a los talentos naturales con los que nacimos, pues, después de todo, Él es el primer guardián de nuestro corazón.

• **Anota tu grado de susceptibilidad al pecado**

De niño, mi madre solía llevarme al cine. Después de ver una película, quería convertirme en el héroe. Por ejemplo, si había visto a Hércules, le pedía a mi madre que me comprara pesas para fortalecerme como él. Si había visto a James Bond, le pedía un abrigo de detective para convertirme en él. Compartí esta historia durante un sermón y después un hermano se acercó a mí y me dijo que uno de sus hijos era igual. Me alivió saber que no era el único y aprendí que algunos tienen un carácter que los hace más susceptibles a ciertas cosas.

No todo cristiano manifiesta la misma firmeza espiritual. Algunos manifiestan un grado más elevado de susceptibilidad a la seducción del pecado aun cuando tienen el mismo Espíritu Santo. El apóstol Pablo menciona dos veces que, a diferencia de Adán, Eva fue engañada por la serpiente en la primera tentación. Esto no es un comentario machista de Pablo, sino una observación sobre el diseño original de Dios. Cuando se enfrenta al engaño, la mujer es el vaso más frágil. La serpiente del Edén detectó esto. ¿Será esta la razón por la que los vendedores ambulantes de aspiradoras tocan a la puerta cuando el marido está en el trabajo?

Entre aquellos en quienes habita el Espíritu Santo también se encuentran los débiles en la fe. Aquellos que, por abusos o costumbres de su pasado, tienen prejuicios a ciertas prácticas que los desequilibran y en las que otros cristianos participan sin recato. A estos se les puede calificar como susceptibles de conciencia.

Entre los susceptibles están también las almas inconstantes mencionadas por el apóstol Pedro (2 Ped. 2:14). Son presa fácil de las argucias de los falsos maestros. Los simples —o ingenuos— que «todo lo creen», según observó Salomón (Prov. 14:15), caen en similar categoría.

La susceptibilidad se manifiesta de diferentes maneras: por temperamento natural, por falta de madurez y por inmadurez espiritual (al ser niños llevados por doquier por todo viento de doctrina).

Podemos distinguir los contornos de nuestra susceptibilidad. Al observar las huellas de nuestro caminar, ¿son nuestros pasos fuertes o débiles?, ¿claros o titubeantes?, ¿de propósito indivisible o de doble ánimo, marcados por una senda llena de desviaciones innecesarias?. ¿Son nuestros pasos los de un hombre confiable o inconstante con muchos comienzos, pero pocas conclusiones?, ¿somos personas dependientes o de las que muchos dependen?

Un capitán de la marina dijo: «Un barco es tan fuerte como su punto más débil». El navegante diestro no se preocupa por las partes gruesas del casco, sino por los puntos débiles que causan el naufragio. Si pretendemos conocer nuestro corazón debemos entender que las zonas de mayor susceptibilidad son las de mayor vulnerabilidad; es donde se encuentra nuestro talón de Aquiles.

Sansón es un potente ejemplo de esto. Era un hombre fuerte, no endeble mas frágil, con fuerza sobrenatural ante ejércitos de hombres, pero extrema susceptibilidad frente a las mujeres. La verdadera fortaleza es potencia y protección de nuestros puntos débiles.

Sansón es un caso extremo mas no exclusivo. Aun los creyentes más santos han padecido deslizamientos en la fe al descuidar sus debilidades. De su propia experiencia, George Muller relata en su autobiografía:

> Cuando el creyente no conoce mucho de su propio corazón y su debilidad, apenas pensará posible que, después de haber sido guiado por el Señor por tanto tiempo, y de haber recibido tantas misericordias de Sus manos, y de haber sido perdonado tan plena y

libremente a través de la sangre de Jesús [...] y de estar ocupado en la obra del Señor, haya sido una vez más culpable de un gran deslizamiento en la fe.[9]

Indiscutiblemente, George Muller fue un titan de la fe, pero aun los titanes tienen un talón de Aquiles. Nuestro adversario espiritual tiene marcadas nuestras susceptibilidades como los puntos de acceso por donde avanza su ejército de tentaciones. No debemos desanimarnos si somos más susceptibles que otros y pensar que nuestro destino es ser decididas víctimas frente a la tentación. El nuevo corazón prometido en la gracia del nuevo pacto no es como el corazón de piedra anterior: duro para las cosas de Dios pero altamente susceptible al mundo. La gracia de Dios se especializa en fortalecer a los susceptibles para librarlos de la esclavitud.

• **Anota los pecados escondidos detrás de tus virtudes espirituales**

Ni el hombre más santo soporta exponer la corrupción de su corazón a la santidad de Dios. Isaías sintió un desmayo fatal cuando la gloria de Dios invadió el templo donde se encontraba. Dios limitó la dosis de convicción de pecado a una intensidad tolerable que lo dejó afectado, pero no devastado.

Para evitar el shock de la santidad, el hombre evita exponer su pecado directamente a Dios y, al estilo de Adán, se cose hojas de parra. Una de las modas predilectas es escondernos tras un camuflaje espiritual para ocultar el pecado y proyectar santidad.

---

9 George Müller, *Autobiography of George Müller: A Million and a Half in Answer to Prayers* (Londres: J. Nisbet and Co., 1914), 26.

Cuando los discípulos, al cruzar por Samaria, fueron rechazados por los samaritanos, Juan y Jacobo encendidos en celo deseaban, a la manera de Elías con los profetas de Baal, clamar a Dios para que descendiera fuego sobre ellos. El Señor no se vio despistado por el camuflaje de «celo santo» sino que delató su espíritu intolerante.

En esto, Judas fue el colmo. Logró encubrir su desenfrenada codicia detrás de su fingida filantropía por los pobres (Juan 12:4-6). En el libro «El corazón del predicador», Rick Reed ilustra esta realidad en la vida de Salmon P. Chase, secretario del Tesoro bajo Abraham Lincoln. Chase se postuló como candidato a la presidencia, pero perdió ante Lincoln. Desde entonces, mientras trabajaba en el gobierno, intentó promoverse como el más capacitado entre los dos, aunque en su conciencia pensaba que lo hacía para buscar el bien de la nación:

Chase no tenía ni idea de su propia ambición egoísta. En sus cartas y diarios, presentaba sus acciones en términos nobles y virtuosos en repetidas ocasiones. Estaba convencido de que buscaba el bien de la nación mientras perseguía con vehemencia sus propios fines egoístas. Tristemente, nunca pudo percibir el pestilente olor de su propia ambición egoísta, aunque todos los demás sí podían.[10]

Nuestro corazón está lleno de camuflajes de apariencia espiritual que esconden pecados. Frecuentemente son los pecados

---

10 Rick Reed, *El corazón del predicador: Preparando tu alma para proclamar la palabra* (Editorial Tesoro Bíblico, 2020), 10.

tercos, predilectos y arraigados, a los que revestimos con un disfraz santo. Algunos esconden la avaricia preciándose de ser ahorrativos. Otros son cortantes con los demás y disimulan su falta de amor remarcando su productividad por el reino. Otros se inflaman como los hijos del trueno, haciendo alarde de su celo cuando en realidad encubren un carácter volcánico. Otros, enamorados del podio, por una necesidad obsesiva de atención, lo justifican preciándose de su don de liderazgo. Y no faltan las mujeres que se perfilan de guerreras de oración pero que usan este honor para inmiscuirse en los problemas de los demás: metiches con aureola de santidad.

La importancia de identificar estas áreas no se puede sobrestimar, pues de no hacerlo los pecados ocultos siguen creciendo. Cada vez que practicamos la virtud que los esconde, los estaremos alimentando indirectamente. Cuando la raíz de la hierba mala está plantada junto a la de la flor, la hierba se habrá de sobreponer. Si quieres conocer tu corazón deberás descubrir aquellos inquilinos delincuentes que viven en el anonimato, pues con el tiempo se convertirán en tus penosos escándalos.

- **Anota tu índice de egoísmo**

El predicador puritano Richard Baxter dijo: «El egoísmo [...] es el pecado radical y positivo del alma que abarca seminalmente (en forma de semilla) y causalmente a todos los demás pecados».[11] Esto significa que nuestro más grande pecado de comisión, del cual los demás pecados fluyen, es el egoísmo. Hablando de manera práctica: es el egoísmo en nuestros corazones el que genera todos los demás pecados.

---

11 Richard Baxter, *The Practical Works of Richard Baxter, Volume One: A Christian Directory* (Ligonier, PA: Soli Deo Gloria 1990), 868.

La primera tentación presentada por la serpiente tenía como fin que el hombre fuera como Dios. Es decir, la oferta del fruto prohibido fue el señuelo satánico para la deificación de Eva y Adán. El blanco de Satanás no fue que ellos terminaran adorando una imagen, sino adorándose a sí mismos. La trampa no era la idolatría, sino la egolatría. El ensalzamiento del ego es la auto-deificación. Desde entonces el conflicto de todo hijo de Dios es escoger entre la santificación o la divinización.

Por esto, cuando Jesús explica el costo de seguirle a él, habla de la renuncia al mundo e igualmente de la autorenuncia. «Y decía a todos: Si alguno quiere venir en pos de mí, niéguese a sí mismo, tome su cruz cada día, y sígame» (Luc. 9:23).

Para conocer el corazón tenemos que analizar la fuerza centrípeta de nuestras acciones, aquellas que siempre van hacia el centro: nuestro ego. Somos adictos al autoservicio.

En Filipenses 2:2-3, Pablo exhorta a los filipenses a no hacer nada motivado por contienda o por la vanagloria. Por un lado, tenía a los que predicaban a Cristo por envidia para aventajar a Pablo, que se encontraba inmovilizado en la prisión. Por otro lado, tenía a Evodia y Síntique, congregantes divididas por la contienda. Cubriremos mucho terreno si practicamos el examinar los móviles del corazón. Toda acción cuyo fin no termina en la gloria de Dios es un depósito más en la cuenta del ego.

• Anota las cosas que tu corazón más ama

Santo Tomás de Aquino dijo: «Las cosas que amamos definen quiénes somos». El amor es una vitrina que despliega nuestras más profundas complacencias, que son la materia prima de los ídolos del corazón. Ídolos que de no ser destruidos evolucionan a ser los monstruos que nos lleven a la ruina.

Abelardo, un renombrado teólogo medieval, mantuvo un amor apasionado con Eloísa, una joven, a pesar de una marcada diferencia de edad. Abelardo no contuvo su pasión y ella terminó embarazada. La historia se complica pues el tío de Eloísa, quien era su guardián, se enfureció debido a la vergüenza que esto podría causar. Para vengarse, contrató a un grupo de delincuentes para atacar a Abelardo en su apartamento y castrarlo. Esto tuvo repercusiones devastadoras en la carrera y vida de Abelardo, quien terminó viviendo aislado y separado de Eloísa y su hijo. Al igual que en la vida de Sansón, lo que amaba se convirtió en el monstruo de su ruina.

Pero el peligro no necesariamente ocurre por el amor a una mujer. El fariseo, por ejemplo, amaba el reconocimiento público (Mat. 23:6). La vanidad era uno de los grandes asentamientos de corrupción en su corazón. Los príncipes de Israel amaron lo que avergüenza (Os. 4:18); es decir, la idolatría pagana con su repertorio de pecados inmorales. Existen aquellos que aman la mentira, líderes que aman el soborno (Isa. 1:23), hombres perezosos que aman el sueño (Isa. 56:10), y aun otros que aman lo material, como Balaam hijo de Beor, el cual amó el premio de la maldad (2 Ped. 2:15).

¿Cuáles son «tus amores»? Si estudias los amores de tu corazón no será difícil rastrear algunas de las corrupciones predilectas de tu corazón.

• **Anota las heridas de tu corazón**
La esposa de un expastor reaccionó negativamente cuando su esposo planteó la idea de volver al ministerio, ya que esto abría

una herida en su corazón. Durante muchos años, ella perdió el sábado porque su esposo pasaba el día encerrado en su oficina absorto en la creación de su propio sermón.

Otra esposa, la de un misionero, le suplicó a su esposo que se dedicara a un trabajo ordinario, pues de recién casada ella tenía una idea idealizada del ministerio hasta que fue expuesta a los fuegos de este. Cada vez que él mencionaba su deseo de regresar al ministerio, ella respondía diciendo que aún no estaba preparada, lo que sucedió por más de diez años.

Absolutamente todo cristiano en el planeta tiene heridas, pequeñas o grandes, abiertas o cicatrizadas. Estas heridas, en muchos casos, forman un mecanismo de defensa que ante situaciones que las amenazan reaccionan no con acciones sino con reacciones que van desde la indiferencia hasta el rechazo abierto.

En el Salmo 109, David emite el lamento «mi corazón está herido dentro de mí» (Sal. 109:22). Al igual que él, todo cristiano lleva heridas, resultado de ásperas providencias, traiciones inesperadas de íntimos —como este mismo salmo describe— o por fuego amigo de nuestros propios hermanos. También Dios hace doler nuestro corazón cuando nos apartamos de Él, como en el caso de Israel (Isa. 65:14-15). Sufrimos heridas dentro de la iglesia por abuso pastoral o maltrato de las ovejas cuando no por el maltrato del mundo, que nunca ha tratado a los cristianos como objetos frágiles.

Ninguna de estas heridas ha ocurrido por accidente. Como en el caso de Jacob, Dios hiere para que su bendición repose en nosotros y seamos ministros adecuados en un mundo lleno de heridos. De heridos a heridos, con empatía intuitiva.

Además, algunas heridas son medidas preventivas para impedir que caigamos en los pecados a los que somos más proclives por nuestras debilidades. ¡Increíble pero cierto! Nuestro susceptible corazón tiende a ser descarrilado por las tentaciones, pero también puede ser desajustado por las bendiciones. Las tentaciones intentan corromperlo; las bendiciones, hincharlo de vanidad. Las aflicciones son vacunas antinflamatorias para prevenir este problema cardíaco. El apóstol Pablo habla de esto por experiencia propia. Le fue dado un aguijón en la carne para prevenir que los aires del tercer cielo le provocasen alucinaciones apoteósicas (2 Cor. 12:7-9). ¡Ojo! Este aguijón no le fue dado para corregir sino para prevenir la vanidad, fue un acto netamente de previsión divina. Si el apóstol mismo requirió prevención, cuánto más la necesitaremos nosotros.

Si examinamos nuestro corazón, encontraremos dos clases de heridas. Primero, las cicatrizadas. Estas son memoriales en zonas de sobreproducción de pasiones carnales, que en algún momento lesionaron nuestra vida e incluso las de nuestros seres queridos. Dios las ha enmarcado con dolor para inhibir la espontaneidad con la que recaemos en ellas: lo que no aprendemos por sermón, lo aprendemos por moretón.

También existen las heridas frescas, dolores en nuestra vida que si, no los superamos, nos controlarán más que Dios. No suelo compartir ejemplos personales, pero en este caso soy un testigo o incluso una víctima traumatizada. En el contexto del ministerio, sufrí una traición por parte de un amigo, o al menos, eso es lo que pensaba. El incidente dejó una marca profunda y difícil de describir, pero innecesaria de explicar. Esta herida me ha hecho ser desconfiado de todos aquellos que se han declarado amigos míos y me ha arrebatado la bendición de tener una amistad verdadera, donde pueda descansar en paz como Juan descansaba sobre el pecho de Jesús. La herida abierta ha causado un hábito de reaccionar con desconfianza ante aquellos cuyas intenciones son genuinas.

Examina tu vida y divide cuáles son tus acciones y cuáles tus reacciones; es probable que alguna herida esté controlando tus respuestas en vez de la guía del Espíritu Santo. Asimismo ubica las heridas del bisturí de Dios, con las que él te haya herido para traer escarmiento y evitar recaídas en zonas de pecado obstinado.

- **Anota los escepticismos de tu corazón**

No hay creyente que no tenga fe. De hecho, el apelativo creyente es sinónimo de cristiano. Pero no hace falta una gran fe para salvarse, solo un creer sutil, aunque auténtico. El Dios que implanta esta gracia también la hace crecer. Pero no sin que haya impedimentos, pues el corazón humano es tierra fértil para la hierba mala de la incredulidad. Y así conviven en el corazón del creyente la fe junto con los escepticismos.

Tomás era de carácter escéptico. Su credo: hasta no ver, no creer. Existen temperamentos así, que todo lo dudan como mecanismo de autoprotección: no quieren pasar por tontos. Como en el caso de Tomás, ese escepticismo eclipsa la fe. Le reprensión del Señor fue dirigida a su vacilación entre ser creyente o empírico: «... bienaventurados los que no vieron, y creyeron» (Juan 20:29).

El escepticismo es incipiente en la lucha por la santificación. Los aparentemente interminables fracasos, las confesiones repetidas por los mismitos pecados que el alma lucha por erradicar, las constantes acusaciones propias de culpabilidad fatigan el ánimo y llevan a dudar de la efectividad de la gracia de Dios, pues, ¿cómo es que las potencias sobrenaturales no resultan suficientes para escapar de los desvíos naturales?

El racionalismo es otro problema en aquellos de robustas facultades mentales. Para el que todo debe tener una explicación, las cosas inexplicables con dificultad las cree en su corazón. La esfera de la fe no es irracional, solo invisible, y lo que no se ve no siempre se puede explicar. Esta fe no es ingenuidad, o insensatez, sino la convicción de que mientras caminemos sobre esta tierra «en parte conocemos» (1 Cor. 13:9). Nuestra vida está llena de bosquejos incompletos con muchos trazos finales que se encuentran en la gloria adonde nuestros ojos no pueden penetrar. Y hasta que no lleguemos a ella, la fe y la razón tendrán choques que producen escepticismos que solo la fe puede apaciguar.

¿Sabías que la fe no es algo que comenzó con nuestra conversión? Ningún ser humano tiene un cuadro completo de conocimiento. La misma ciencia que se jacta de respuestas objetivas está en continua evolución. El geocentrismo[12] fue reemplazado por la revolución copernicana del heliocentrismo[13], que a su vez fue descartada en el siglo XX por los descubrimientos galácticos. Todo ser humano tiene que confiar, tener fe en cosas que desconoce pero que supone verdad.

Para el tiempo en que llegamos a creer, traemos lesiones de la fe, decepciones, traiciones por alguien o algo que resultó ser una agria falsedad. Todas estas lesiones han formado un instinto

---

12 Teoría que postulaba a la Tierra como el centro del universo.
13 Teoría que postulaba al sol como el centro del universo.

a retraerse y confiar en nosotros únicamente. Sin embargo, la esencia de la fe cristiana es la de una renuncia a la autodependencia, para depender total y exclusivamente de Dios. A medida que caminamos con Dios, diversas circunstancias evocan el dolor de estas heridas que resultan en inconstancias de la fe. Dado que la fe es la gracia de la que dependen todas las otras, es importante localizar las zonas de incredulidad en nuestros corazones y examinar las razones subyacentes, ya que de esto depende mucho la salud espiritual de nuestra vida cristiana.

- **Anota las zonas de dureza de tu corazón**

El concepto de la «dureza del corazón» debe ser bien conocido por todo cristiano pues es una condición descrita en la Escritura con frecuencia. Pocos la han descrito tan bien como Richard Baxter:

> ... significa la resistencia pasiva y activa del corazón contra la palabra y las obras de Dios, cuando no recibe las impresiones que la palabra haría, ni obedece el mandato de Dios; sino que después de grandes y poderosos medios permanece como antes, impasible, inafectado y desobediente. De modo que la dureza de corazón no es un pecado distinto, sino el poder habitual de todo pecado, o la muerte, la inamovilidad y la obstinación del corazón en cualquier pecado.[14]

Esta condición abarca a todos, pues en la Escritura la dureza de corazón es equivalente a un caminar ajeno a los caminos de Dios (Deut. 29:14). Es, en esencia, toda manifestación del corazón

---

14 Richard Baxter y William Orme, *The Practical Works of the Rev. Richard Baxter, vol. 2* (Londres: James Duncan, 1830), 513.

que ignora, desprecia y se rebela contra todo cuanto provenga de la palabra y la gracia de Dios. Antes de convertirnos, la dureza de nuestro corazón era el conductor de nuestras vidas, lo que definía nuestro destino.

La regeneración —anticipada en el nuevo pacto— rompe la dureza del corazón (Jer. 3:17); esta dejó de regirnos, pero continúa incesante, organizando insurrecciones que intentan desestabilizar la nueva vida en Cristo.

Junto con la dureza general existen durezas particulares del corazón de cada uno, distintas entre pecadores. Una de las tareas principales es identificarlas, pues es donde hallaremos los pecados añejos de nuestro ser.

A continuación, en esta teología encontrarás todo un apartado de esta doctrina. Basta establecer, por ahora, que la tarea de examinar nuestro corazón se cumple cuando logramos identificar las zonas más escleróticas.

CAPÍTULO 7

El cuidado de tu corazón

EN LOS DÍAS DEL MINISTERIO nunca voy a olvidar cuando una persona recién convertida se vio descorazonada por la conversación con otro hermano que llevaba años en el Señor; él le dijo: «Yo no tengo ningún interés en crecer, soy salvo, con eso me basta y así me siento a gusto». Estoy convencido de que esto no es un caso aislado, sino que abundan aquellos a quien les fascina «estar en Cristo», pero no tienen interés alguno en «crecer en Cristo».

El corazón del cristiano es nuevo, pero no está desarrollado. Al nuevo nacimiento le sigue el crecimiento y la maduración. Dios ha prometido que la obra que Él comenzó la perfeccionará hasta el día de Jesucristo (Fil. 1:6). Antes de aquel día, cuando recibamos el toque maestro de la glorificación, hay una maduración paulatina.

El corazón regenerado no puede revertirse. No puede volverse a degenerar, no puede pasar de ser carne a ser piedra, pero como un jardín recién plantado requiere mantenimiento para evitar que la hierba mala lo invada.

No se puede enfatizar demasiado la importancia de esto, pues, según Salomón, del corazón emana la vida; es decir, toda actitud, móvil, pensamiento y obediencia encuentra su raíz en el corazón. Cuando damos mantenimiento al corazón damos mantenimiento a todo. Proverbios 14:30 confirma los efectos psicosomáticos del corazón:[1] «El corazón apacible es vida de la carne; mas la envidia es carcoma de los huesos». Roland Murphy lo dijo mejor:

El «corazón» es la pieza central de los seres humanos, y cuando este es apacible uno realmente vive. El contraste de la envidia con la metáfora de la podredumbre es expresiva; la envidia se come a la persona.[2]

Como el corazón es central tanto para la vida física como la espiritual, podremos desarrollarnos en el evangelismo, mejorar el compañerismo, aumentar nuestro conocimiento de la Biblia, avanzar en nuestra vida de oración. Pero si no comenzamos por el corazón, ninguna de estas otras áreas crecerá de verdad.

Nuevamente, Spurgeon lo reitera:

Si la calma no reina sobre ese lago interior dentro del alma (el corazón), que alimenta los ríos de nuestra vida, los ríos mismos siempre estarán en tormenta. Nuestros actos externos siempre dirán que nacieron en tempestades, al ser tempestuosos ellos mismos. Todos deseamos llevar una vida alegre; el ojo

---

1 Ver también Prov. 15:13.
2 Rowland E. Murphy, *Proverbs, vol. 22, Word Biblical Commentary* (Dallas: Thomas Nelson, 1998), 107.

brillante y el pie elástico son cosas que cada uno de nosotros desea; tener contentamiento es aquello a lo que la mayoría de los hombres aspira continuamente. Recordemos que la única manera de mantener nuestra vida pacífica y feliz es mantener el corazón en reposo; porque venga la pobreza, vengan riquezas, venga el honor, venga la vergüenza, venga abundancia, o venga escasez, si el corazón se aquieta, habrá felicidad en cualquier parte. Pero sea cual sea la luz del sol y el brillo, si el corazón se turba, toda la vida también debe estar turbada.[3]

Pero, ¿cómo puedo estimular el desarrollo de mi corazón? He aquí algunas ideas provechosas:

Trata con tu corazón

Clásica equivocación del cristiano es concentrarse en cambiar su conducta, dejar de practicar lo incorrecto, modificar su comportamiento, concentrarse en hacer cambios externos en su vida olvidándose de su corazón. Esta forma de crecimiento es agotadora, pues requiere que estemos correteando todo el tiempo para extinguir los actos pecaminosos mientras ignoramos al corazón, el actor intelectual de cada pecado.

Si abordamos nuestra santificación de esta manera seremos tan efectivos como cuando cortamos las ramas de la hierba mala, pero dejamos la raíz intacta: el problema desaparece de la vista,

---

3 C. H. Spurgeon, *The New Park Street Pulpit*, ed. electrónica, vol. 4 (Escondito, CA: Ephesians Four Group, 2000), 117.

pero sigue latente y con el tiempo vuele a crecer, a manifestarse y a subyugarnos a una tarea interminable. Aprendamos que el corazón regenerado es un aliado, pero no incondicional. Pues si bien el corazón del viejo hombre ya no controla nuestra vida, el pecado ha sido derrocado pero no erradicado, e incesantemente busca reorganizar una resistencia para recuperar la supremacía que perdió.

No podemos hacer una tregua para con nuestro corazón suponiéndolo glorificado, siempre dispuesto a cooperar. Debemos practicar con cierta regularidad tratamientos para que corra como un motor bien afinado.

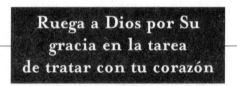

Ruega a Dios por Su gracia en la tarea de tratar con tu corazón

Esto es lo primero, pues la misión de tratar con el corazón es una misión imposible. Pues, ¿qué posibilidad hay de éxito cuando intentamos curar un corazón engañado con un corazón engañoso? Y así es en el sermón del monte cuando Jesús dice: «¿Y por qué miras la paja que está en el ojo de tu hermano, y no echas de ver la viga que está en tu propio ojo?» (Mat. 7:3-4). La viga del propio ojo intima el autoengaño que para Dios es evidente pero no para nosotros.

La gracia de Dios no puede sustituirse por el esfuerzo humano por más herculano que este sea. Hemos repasado la historia de la decadencia del corazón relatada en el Antiguo Testamento, hemos aprendido que solo la gracia enmarcada por el nuevo pacto fue capaz de romper el maleficio del corazón mediante la regeneración y solo ella puede continuar su santificación.

¿Qué posibilidad de éxito existe cuando intentamos curar un corazón engañado con un corazón engañoso?

De modo que esta primera recomendación es la llave de todas las otras. No podremos cumplir con los demás consejos si no comenzamos por implorar Su gracia recordando las palabras de Jesús en Juan 15:5: «Separados de mí, **nada** podéis hacer».

Examina tu corazón

Me refiero al conocido y cada vez menos practicado examen de conciencia. La rutina de la confesión de pecado supone este examen. Pero, en muchos, la confesión de pecado en su devocional consiste en el reconocimiento y confesión de aquellos pecados que se asoman por fuera de la superficie de nuestro corazón; es decir, de aquellos pecados que de ignorarlos nos expondrían como cómplices.

El examen de conciencia busca transparentar el alma para descubrir los pecados invisibles a primera vista —que han sido practicados tanto que la misma conciencia cauterizada no detecta más— y aquellos más pequeños que no se notan fácilmente.

Pablo recomienda a los corintios el autoexamen: «Examinaos a vosotros mismos si estáis en la fe; probaos a vosotros mismos. ¿O no os conocéis a vosotros mismos, que Jesucristo está en vosotros, a menos que estéis reprobados?» (2 Cor. 13:5). La falta del examen de conciencia les fue tan perjudicial que llevó a algunos a cometer profanaciones castigadas por Dios con la misma muerte (1 Cor. 1:27-30).

No caigamos en el error de pensar que el examen de conciencia es vital para los jóvenes en la fe, pero innecesario para los maduros, aquellos que ya por los años de peregrinaje piensan que conocen su corazón mejor. Nada puede estar más errado. Cuanto más crecemos en el Señor, mayor será nuestra disposición de examinar nuestro corazón.

El ejemplo del Dr James Hood Wilson, pastor escocés, nos sirve de ilustración:

> Un evangelista criticó a los ministros de la ciudad y, entre ellos, al doctor James Wilson de la iglesia de Barclay. Un hombre que escuchó las críticas llamó el día siguiente a otro pastor, Alexander White, y le dijo: «Fui a escuchar al evangelista y ni se imagina lo que dijo. Dijo que el pastor Wilson no era un hombre convertido». El pastor Alexander White saltó de su silla con ira, su fino rostro se oscureció por la indignación: «El bribón», dijo el doctor Wilson, «¿no era un hombre convertido?» El visitante se sorprendió al ver un pastor tan furioso, así que continuó hablando: «Pero eso no fue todo lo que dijo. También dijo que usted tampoco era un hombre convertido». Al escuchar esto, White se hundió en su silla, y todo el fuego de su ira se apagó, puso su cara en sus manos y durante un largo minuto no habló. Luego, mirando hacia arriba, le dijo a su visitante con terrible seriedad: «Deja mi amigo, déjame, debo examinar mi corazón».[4]

---

4 John MacArthur Jr., "The Means to Spiritual Unity". Grace to You. https://www.gty.org/library/sermons-library/50-14/the-means-to-spiritual-unity.

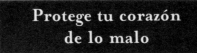

Protege tu corazón de lo malo

Los predicadores insisten en que el mal no viene de fuera, sino de dentro. Jesús dijo: «Porque de dentro, del corazón de los hombres, salen los malos pensamientos...» (Mar. 7:21). El origen del mal del hombre no está en su entorno, sino en su corazón. Ahí anida el origen del mal.

Pero, ¿acaso el corazón es inmune al contagio? Observando más de cerca, estos versículos se encuentran en el contexto de la reprensión de Jesús para con los fariseos, quienes enfatizaban en exceso la limpieza externa de los utensilios de la adoración a expensas de la obediencia del corazón. Continúa con la parábola y les dice a los discípulos: «¿No entendéis que todo lo de fuera que entra en el hombre, no le puede contaminar?» (Mar. 7:18).

Con esto no está negando que las malas influencias contaminen el corazón, pues al referirse a «todo lo de fuera» se está refiriendo a lo externo físico, al alimento que no puede entrar al corazón, sino al estómago.

Jesús se encontraba combatiendo los externalismos fariseos que atribuían poder de contaminación a todo aquello que no había sido lavado. «Todo lo de fuera» no incluye las influencias pecaminosas externas que fácilmente contagian el corazón.

Salomón, que aconsejó que sobre toda cosa guardada se guardase el corazón, recetó alejarse de diversos contaminantes:

«Aparta de ti la perversidad de la boca, y aleja de ti la iniquidad de los labios» (Prov. 4:24). Es decir, debemos alejarnos del uso pecaminoso de la lengua, pues, de acuerdo a Santiago, «contamina todo el cuerpo» (Sant. 3:6).

«Tus ojos miren lo recto, y diríjanse tus párpados hacia lo que tienes delante» (Prov. 4:25): es decir, ya que la vista panorámica del mundo está llena de influencias visuales, no dejes que el mal se cuele por el ojo: la lámpara del cuerpo. Nuestra vista puede convertirse en un poderoso canal de contaminación. «Examina la senda de tus pies, y todos tus caminos sean rectos. No te desvíes a la derecha ni a la izquierda; aparta tu pie del mal» (Prov. 4:26-27). Es decir, cuida hacia dónde caminas, no te dirijas a zonas pecaminosas.

Recuerdo una visita a Nueva Orleans hace algunos años con mis colegas cristianos. Por la noche, en ánimo de turistas, se les ocurrió excursionar el inmodesto barrio francés. Uno de ellos me compartió al día siguiente lo alterado que se sentía por lo que había visto. La realidad es que lo primero que las tentaciones despiertan es al corazón. Antes de que los ojos volteen a mirar, antes de que los pies den paso, antes de que nuestra mano toque, está la emoción del corazón. El corazón es susceptible al contagio y el mundo es agresivamente virulento; nos engañamos al pensar que por ser cristianos saldremos ilesos de sus influencias.

Con todo, ni aun Salomón se mantuvo impertérrito a la mala influencia. El campeón del cuidado del corazón, que en la primavera de su reino clamó y proclamó la sabiduría, en el invierno de su reino sucumbió a la seducción de sus esposas: «Y tuvo setecientas mujeres reinas y trescientas concubinas; y sus mujeres desviaron su corazón. Y cuando Salomón era ya viejo, sus mujeres inclinaron su corazón tras dioses ajenos, y su corazón no era perfecto con Jehová su Dios, como el corazón de su padre David» (1 Rey. 11:3-4).

El peligro de la mala influencia no terminó con Salomón. Pablo advierte a los corintios cuando nota en ellos una falta de reciprocidad para con él y sus colegas. El corazón de Pablo se había ensanchado en sincero afecto, pero no fue correspondido a causa de la mala influencia a la que se habían expuesto: «No os unáis en yugo desigual con los incrédulos; porque ¿qué compañerismo tiene la justicia con la injusticia? ¿Y qué comunión la luz con las tinieblas? ¿Y qué concordia Cristo con Belial? ¿O qué parte el creyente con el incrédulo? ¿Y qué acuerdo hay entre el templo de Dios y los ídolos?» (2 Cor. 6:14-16).

La falta de reciprocidad era por la influencia que el yugo desigual estaba causando en los corintios. El amor de ellos se percibía restringido, limitado, incompleto. La cercana asociación con los inconversos gentiles que practicaban tanto la idolatría como la inmoralidad rampante habían provocado una antipatía social hacia Pablo y su equipo.

Este versículo ha sido enmarcado como una advertencia matrimonial para prevenir casamientos con inconversos. Es una aplicación válida, pero en el contexto la aplicación central es acerca del efecto de la influencia del mundo en el corazón del cristiano.

En resumen: si bien el origen de nuestra maldad emana de la corrupción natal del corazón caído, el corazón es tan propenso a ser contaminado por influencias negativas como lo es un aguacate abierto para oxidarse y tomar un tono café.

Los efectos de un corazón contaminado se notan en nuestra experiencia cristiana: las tentaciones se agigantan, nuestra resistencia se debilita y fácilmente nos contagiamos de todo virus de mundanalidad. No somos inmunes a nuestro ambiente, por esto, como en un quirófano, tenemos que proteger el corazón y mantenerlo, hasta donde sea posible, en un entorno higiénico.

Dios no solo nos hace responsables por las tentaciones en que caemos sino también por las influencias que escogemos.

No se trata con esto de apartarse para vivir como un monje en una cámara religiosa sellada de toda influencia. Pablo aclara a los corintios que para librarse totalmente de la convivencia con los pecadores tendríamos que salir del mundo, pues aun en los monasterios se cultiva el pecado. En este mundo el corazón enfrenta el inevitable acoso de la maldad. Pero, como soldado en batalla, debemos mantenernos fuera del alcance de los proyectiles del mundo.

En términos prácticos: significa tomar una ruta diferente de vuelta del trabajo si el camino que tomamos está lleno de incitantes carnales; significa apartarnos de aquellas amistades cuya influencia negativa se sobrepone a la influencia positiva que irradiamos; significa que cancelemos la suscripción a un canal de televisión o un sitio web que debilita nuestra resistencia. En resumen: se trata de dejar de alimentar los deseos de la carne para proteger nuestro corazón (Rom. 13:14). **Es importante recalcar que Dios no solo nos hace responsables de las tentaciones en las que caemos, sino también de las influencias que escogemos.**

Más importante aún es la distancia interna que ponemos ante las influencias nocivas externas. Vivimos en un mundo caído y por más distancia que guardemos de las malas influencias habrá aquellas que logren infiltrarse a nuestra alma y llegar a nuestro corazón. Depende de nosotros desarrollar reflejos espirituales que guarden la mente, las emociones y la voluntad, sin caer en palpar las impresiones del mundo, pensando que con tal de que no caigamos en el acto de pecar estaremos bien aun rodeados del aroma de pecado.

Cristiano, de nada vale no tragarte el pecado cuando te la pasas saboreando las tentaciones. Es como aquel que piensa que sus pulmones están a salvo porque no fuma, pero convive con fumadores en el mismo cuarto.

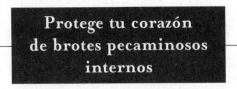

Protege tu corazón de brotes pecaminosos internos

Las influencias externas tienen efecto nocivo en el corazón, pero nada corrompe más que el acto mismo de pecar. Los antojos de la carne satisfechos contaminan más al hombre que las influencias externas.

Cada vez que el corazón recibe una mala influencia y la procesa en su fábrica de corrupción se produce un acto de pecado que incrementa la corrupción del corazón más seriamente que la influencia externa. Y así continúa el ciclo de corrupción.

El efecto de este ciclo es doble: el pecado no solo corrompe, también incapacita. Antes de venir a Cristo éramos incapaces de obedecer a Dios (Rom. 8:7). La regeneración nos ha capacitado para la obediencia, pero todavía nos debilitamos cada vez que pecamos.

No debe sorprendernos, entonces, que los pecados más tercos de nuestro corazón provengan de antiguos hábitos que gradualmente han reducido nuestra capacidad para la obediencia y han aumentado el impacto de la tentación correspondiente. De ahí que la forma principal de fortalecer la inmunidad del corazón al pecado sea practicando la obediencia. ¡Protege tu corazón de lo malo!

Cuida tu corazón de los placeres lícitos de este mundo

Atención: el encabezado de esta sección no es el de cuidar el corazón de los **placeres ilícitos.** Esto se da por sentado. Lo que poco sospechan es que los placeres lícitos, aquellas actividades que con gusto practicas clasificadas bajo «la libertad cristiana», pueden adormecer la conciencia.

Esto mismo advirtió el Señor: «Mirad también por vosotros mismos, que vuestros corazones no se **carguen** de glotonería y embriaguez y de los afanes de esta vida, y venga de repente sobre vosotros aquel día» (Luc. 21:34, énfasis añadido). El mismo vocablo que describe «cargado» Lucas lo utiliza en otro sitio de su Evangelio para describir a los discípulos en el jardín de Getsemaní que estaban «rendidos de sueño». Βαρέω en su forma más básica denota peso, el peso del cuerpo, el peso de los elementos.

Los discípulos tenían un sueño que les pesaba, así como cuando decimos «me pesan los párpados». Jesús entendía las cosas que son lícitas y buenas a disfrutar; de hecho, él participaba en ellas de tal manera que lo tachaban de «comedor y bebedor». Pero lo lícito, los afanes —intereses— lícitos de este mundo —comprar propiedades, ir de vacaciones, asistir al cine, recibir los honores del mundo, darnos diversos gustos de la vida practicados en exceso— surten el mismo efecto en el corazón que el alcohol en la mente. Eliminan el filo crítico de la conciencia, la sobriedad del corazón.

Cuenta la leyenda que un general romano triunfante, mientras desfilaba por las calles de la ciudad recibiendo las alabanzas del pueblo, llevaba consigo a un esclavo que no cesaba de repetirle estas palabras: *Memento mori* («recuerda que morirás»), recordándole que la gloria del mundo poco importa cuando al otro lado de la balanza se encuentra la muerte.

Bueno es participar de las cosas que Dios ha creado con acción de gracias (1 Tim. 6:17), pero es necesario mantener el equilibrio, pues ni el ascetismo ni el empacharnos de este mundo edifican el corazón.

Cuida tu corazón en el tiempo de ocio

El refrán «tiempo desocupado, taller del diablo» no es bíblico, mas es una gran verdad a la que el rey David hubiese respondido «¡amén!» después de ser restaurado de su caída con Betsabé. Fue cuando paseaba ocioso por la terraza de su palacio que la tentación prendió fuego en su corazón.

Como cristianos tenemos que distinguir entre el descanso, el esparcimiento y el ocio. Dios estableció el descanso al igual que el trabajo y asimismo el placer lícito. Pero no proviene de Dios el ocio; es decir, la huelga injustificada. No es sano para el corazón ser vagos, la inactividad que sustituye a la actividad laboral.

Con la caída del hombre Dios cambió las condiciones laborales. El sudor con el que el hombre ahora se tiene que ganar su pan no solo fue punitivo, fue también correctivo: una medida para detener la corrupción, pues no hay nada peor que dejar vivir al corazón a sus anchas para realizar sin límites sus maquinaciones carnales.

Dios también utiliza el trabajo para quebrantar el corazón cuando este se ha desviado: «Por cuanto fueron rebeldes a las palabras de Jehová, y aborrecieron el consejo del Altísimo. Por eso quebrantó con el trabajo sus corazones; cayeron, y no hubo quien los ayudase». (Sal 107:11-12).

Aplicación

Convicción a sentar en nuestra mente: Dios no solo santifica el corazón cuando vamos a la iglesia, también lo hace cuando trabajamos. La fórmula «seis días trabajarás y el séptimo es reposo» no caduca el día de nuestra jubilación sino hasta el día de nuestra expiración.

Indiscutiblemente no podemos trabajar al mismo ritmo todo el tiempo, sino conforme nuestras fuerzas menguan, nuestro horario laboral decae. Asimismo, Dios creó todas las cosas para que las disfrutemos y algunos no pueden hacerlo sino hasta que justificadamente escapan del hermético horario laboral.

Pero la jubilación que sustituye al horario laboral por uno netamente de esparcimiento vacacional convierte su corazón en un invernadero de deseos carnales encaprichados en satisfacerse.

Expón tu corazón a los medios de gracia

Recuerdo que un pastor hablaba de un miembro de su iglesia que trabajaba en una base militar subterránea aislado de otros cristianos e iglesias por meses. Según el pastor, el compromiso y la firmeza de este miembro eran increíbles, pero no eran algo común. La mayoría de los creyentes necesitan ayuda adicional, como las inyecciones de gracia a través de los medios, para mantener su fe fuerte.

La conversión de pecadores puede lograrse por Dios independientemente de principio a fin, pero normalmente Él elige utilizar nuestros esfuerzos evangelísticos para la conversión de los pecadores. La santificación no es distinta: Dios utiliza medios, una red de canales por donde fluye la gracia de Dios al corazón. Si bien ha habido diferencias en la identificación de estos medios, nos ayudará comenzar por el catecismo corto de la Confesión de Westminster.

«Los medios externos y ordinarios por los cuales Cristo nos comunica los beneficios de la redención son sus ordenanzas, especialmente la Palabra, los sacramentos y la oración; todos los cuales surten efecto en los elegidos para salvación».[5]

A estos medios se puede agregar la adoración pública, el compañerismo cristiano, la autorreflexión y otros ejercicios espirituales de práctica sistemática.

Notemos que los medios son tanto privados como públicos, el modelo monástico de santificación por enclaustramiento corta a la mitad la fórmula que Dios ha establecido para una bendición completa. El corazón no se puede conservar sin el continuo baño de ambos medios de gracia.

Con todo, el provecho de los medios no es automático. Son incontables los casos de cristianos que desarrollan indiferencia,

---

5 *El Catecismo Menor de Westminster*, pregunta 89.

hastío y finalmente abandono de los mismos medios intencionados para la bendición de su corazón. C. S. Lewis creció en una familia de religión cristiana que asistía a la iglesia, la Biblia era uno de los placeres de su padre; sin embargo, con el tiempo Lewis abandonó la religión: «Me convertí en apóstata, dejando escapar mi fe sin el menor sentimiento de pérdida, con el mayor alivio».[6]

En el poema del trigo y la cizaña John Newton describe la tragedia de aquellos que, pese a estar continuamente expuestos a los canales de gracia, nunca llegan a ser trigo:

1 Aunque en la iglesia, el trigo y la cizaña crecen juntos,
Jesús pronto separará la cosecha,
Y arrancará la cizaña, con ira.

2 ¿Se aliviarán allá sus horrores?
Al recordar
Cuánto oyeron en la tierra, cuánto conocieron
¿Cuánto tiempo crecieron junto al trigo?

3 ¡Oh! ¡Esto agravará su caso!
Pues han perecido bajo los medios mismos de la gracia;
Para ellos, la palabra de vida y fe
Se convirtió en un instrumento de muerte.

4 Parecemos iguales cuando aquí nos congregamos,
Los extraños pueden pensar que todos trigo somos;
Pero a los ojos del Señor que todo lo escruta,
Cada corazón se presenta sin disfraz.

---

6 C. S. Lewis, *Cautivado por la Alegría* (HarperOne, 2014).

Por esto al exponernos a los medios de gracia debemos instintivamente orar a Dios para que surtan provecho en el mantenimiento de nuestro corazón.

Además, así como cada persona tiene un apetito diferente, cada corazón requiere una porción particular para una nutrición óptima. Podría ser que aquellos con un trasfondo más descarriado antes de la conversión requieran de una porción mayor que la que es impartida cada domingo y agregan durante la semana otros medios para suplementar su alimentación.

Ora por tu corazón

Tocante a esto, Agustín escribió: «Corresponde al hombre preparar su corazón, sin embargo, para que el hombre haga esto, Dios lo ayuda, pues la voluntad es preparada por el Señor».[7]

Es cierto que nos corresponde preparar nuestro corazón, pero la forma fundamental de hacerlo es orando a Dios para que prepare nuestro corazón. Cuando Salomón se enfrentó a la intimidante tarea de ser rey, instintivamente pidió a Dios que capacitara su corazón: «Da, pues, a tu siervo corazón entendido para juzgar a tu pueblo, y para discernir entre lo bueno y lo malo; porque ¿quién podrá gobernar este tu pueblo tan grande?» (1 Rey 3:9).

Pablo acostumbraba orar por los corazones de los creyentes. A los efesios les confiesa que él doblaba sus rodillas con el propósito de que Dios fortaleciera su hombre interior para que

---

7 Agustín de Hipona, *Replica a las dos cartas de los pelagianos*, capítulo 20.

Cristo pudiera habitar por fe en sus corazones y pudiera abrir su entendimiento para conocer la profundidad del amor de Dios y la plenitud de Dios.

Si no por otra cosa, debemos orar a Dios por nuestro corazón, pues en la misma medida que conocemos nuestros anhelos, desconocemos las verdaderas necesidades de nuestro corazón. Mas Dios, que escudriña el corazón, responde con una gracia hecha a la medida de nuestra necesidad.

Ora a Dios para que quebrante tu corazón

A la oración general sigue una muy específica: orar para que Dios quebrante nuestro corazón, pues el quebranto es lo único que logra enternecerlo.

Todo cristiano tiene momentos o aun épocas de endurecimiento. Aun los discípulos de Jesús tenían momentos de endurecimiento: «Y entendiéndolo Jesús, les dijo: ¿Qué discutís, porque no tenéis pan? ¿No entendéis ni comprendéis? ¿Aún tenéis endurecido vuestro corazón?» (Mar. 8:17). El escritor de Hebreos, en una de sus exhortaciones, afirma que el corazón de los creyentes también se puede endurecer: «No endurezcáis vuestros corazones, como en la provocación, en el día de la tentación en el desierto» (Heb. 3:8).

El corazón regenerado ha pasado de piedra a carne, pero tiende aún a la petrificación parcial. La intemperie del mundo endurece el corazón. Aun cuando no tenemos intención alguna de pecar, casi imperceptiblemente comenzamos a manifestar un poco más de vanidad, un poco más de insensibilidad para con los demás, un poco más de apatía espiritual, un poco más de apego al mundo, un alejamiento incipiente de Dios, y de no ser por Su intervención nuestro corazón volvería a ser piedra. Por esto, parte cotidiana de la vida del cristiano es enfrentar un juego de providencias displicentes. Providencias incómodas, frustrantes, dolorosas, desestabilizadoras que quebrantan nuestro corazón. Llevamos en el cuerpo «siempre por todas partes la muerte de Jesús, para que también la vida de Jesús se manifieste en nuestros cuerpos» (2 Cor. 4:10). Mediante el quebrantamiento Él rompe el barbecho de la dureza (Os. 10:12), para regresarlo a un estado arable que reciba la semilla de la Palabra y responda instintivamente a ella.

La Biblia habla de quebrantamientos tanto en sentido positivo como negativo. Dios reparte quebrantamientos a los impíos cuando los juzga a causa de la dureza de sus corazones. Pero reparte asimismo difíciles providencias a sus hijos para prevenir la dureza de corazón que los puede condenar (1 Cor. 11:31-32). Con un quebrantamiento Dios logra mucho más que con decenas de sermones. Robert Murray McCheyne dijo:

> El corazón quebrantado nunca puede ser ofendido,
> pues el pecado se le hace más odioso aun que como
> el ministro lo predica.[8]

El avance en santidad por un corazón quebrantado es sorprendente. El corazón pasa sus pecados a filo de espada, corta todas las ataduras del mundo, despeja la neblina del pecado, se complace

---

8 Andrew A. Bonar y R.M. McCheyne, *Memoir and Remains of R.M. McCheyne* (Chicago: Moody Press, 1996), 284.

totalmente con la voluntad de Dios y abraza una aspiración, una santa obsesión: a Cristo.

Lamentablemente, la oración por quebranto de corazón pocas veces llega a las costas del cielo pues la perspectiva de un quebranto de Dios nos aterra. Orar así sería invitar a una calamidad, ser arrollados por ominosas circunstancias. Lejos de utilizar horrores, Dios cuenta con un amplio surtido de formas de llevarnos a un quebranto, muchas de ellas inofensivas.

En lo personal, recuerdo una ocasión cuando Dios quería mostrarme cosas que la dureza de mi corazón cegaba. Mi madre, en un momento inesperado, se puso a llorar por una situación que transitamos. Rara vez había visto a mi madre llorar de esa manera. Dios capturó mi atención y me quebrantó con algo que nunca imaginé fuese a tener tal efecto.

Recordemos también el canto del gallo que Dios utilizó para quebrantar al apóstol Pedro. Fue todo lo que necesitó para hacerlo llorar amargamente después de negar a Jesús. Seguramente, varios escucharon ese mismo canto, pero solo el corazón de Pedro fue quebrantado. El bendito toque de Dios es como un bisturí que extirpa brotes de dureza en nuestro corazón.

Spurgeon lo describe:

> Hay algunos que mueren con un corazón quebrantado, pero otros que viven con un corazón quebrantado y que por esto viven mucho mejor. Viven una vida diferente y más elevada que la que vivían antes del bendito toque de Dios que quebrantó su corazón.[9]

---

9 C. H. Spurgeon, "Christ's Hospital", en *The Metropolitan Tabernacle Pulpit Sermons*, vol. 38 (London: Passmore & Alabaster, 1892).

Perdón por ser redundante, pero hay que notar que no hay momentos de satisfacción más profunda que cuando Dios ha quebrantado el corazón. Noten que no dije momento de satisfacción, pues abundan en nuestra vida, sino momentos de **profunda satisfacción**. El comienzo es repulsivo, el martillo del quebranto es áspero, amargo, desquiciante, incluso aterrador. El golpe despliega de pronto un universo de pecaminosidad, hábitos embarrados de mundanalidad, falsas motivaciones delatadas, codicias, lujurias, egoísmos y vanidades por doquier, uno se ve delatado por Dios como un inconverso y el único clamor adecuado es el de Isaías: «¡Ay de mí, que soy muerto!» (Isa. 6:5). Se hunde uno en profunda tristeza al ver nuestra mediocre santidad, en desesperanza al calcular que el cambio requerido es imposible de alcanzar.

Pero gracias sean dadas a Dios que el amanecer tras la tormenta es una experiencia tan celestial como al inicio amarga, y literalmente afirmo «¡celestial!», pues el quebranto consigue un contentamiento absoluto, una fe robustecida, un desligamiento de toda codicia, enojo, e impaciencia, una ambición aplacada, una vanidad rendida; lo que era una necesidad imperiosa se torna una ridícula insensatez, una moda antigua, vergonzosa.

Y, sobre todo, el quebranto nos inunda de un deseo de deleitarnos solamente en Dios, un giro completo como aquel niño terco que después de una caída regresa dócil a los brazos de su madre, sin otra inquietud más que recostar la cabeza en su seno. ¡Oh Señor, no deseo el quebranto, pero sí añoro el corazón quebrantado para que el pecado deje de pesar tanto!

Ora, y no temas que el Señor quebrante tu corazón.

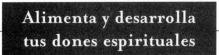

Alimenta y desarrolla tus dones espirituales

Dios no santifica el corazón para que sea una pieza santa de museo, sino para que sea una herramienta útil para su iglesia. Esta santificación no es como la fermentación; no sucede mientras estamos enfrascados en la iglesia, ocurre en la actividad, cuando nos damos a servir a los demás en el ejercicio de nuestros dones espirituales.

Cuando Dios ordenó a su pueblo construir el tabernáculo, junto con las detalladas instrucciones, capacitó sus corazones para desempeñar la tarea: «Y lo ha llenado del Espíritu de Dios, en sabiduría, en inteligencia, en ciencia y en todo arte, para proyectar diseños, para trabajar en oro, en plata y en bronce, y en la talla de piedras de engaste, y en obra de madera, para trabajar en toda labor ingeniosa. **Y ha puesto en su corazón** el que pueda enseñar, así él como Aholiab hijo de Ahisamac, de la tribu de Dan; y los ha llenado de sabiduría de corazón, para que hagan toda obra de arte y de invención, y de bordado en azul, en púrpura, en carmesí, en lino fino y en telar, para que hagan toda labor, e inventen todo diseño» (Ex. 35:31-35, énfasis añadido).

Los dones, al igual que los frutos espirituales, deben crecer; esta es la señal de salud. Aquel que desarrolla la santidad en aislamiento deja una zona de su corazón sin desarrollo. Un corazón regenerado rebosa en gracias y dones, en santidad como en servicio al reino. Pablo le advierte a Timoteo que avive el fuego del don que está en él, pues, aunque sus dones habían sido prometidos con autoridad profética, era responsable de cultivarlos y prevenir que se oxidaran. El óxido espiritual es caldo de cultivo de pecado.

En lo personal, estuve bajo un pastor que tenía a muchas ovejas inmovilizadas. Su concepto de la santidad consistía en una gracia desarrollada fuera de la arena ministerial, su congregación estaba llena de hermanos con santidad de museo pero con dones oxidados, viviendo en diaria frustración y culpabilidad, se autoflagelaban de inútiles y de incapaces de ser lo suficientemente santos como para ser usados por Dios en la iglesia. El ministerio era una zona de pocos, elegidos por el pastor.

Es verdad que ciertos ministerios requieren un carácter espiritual probado y reconocido por la iglesia, pero nunca deben las ovejas vivir fuera del servicio.

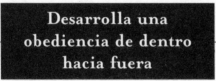

Desarrolla una obediencia de dentro hacia fuera

Sukey Wesley, la hija menor de Susana Wesley, se vio forzada a vivir alejada de su madre, tras el incendio que consumió su casa. Preocupada por el efecto negativo que podría tener vivir fuera de las reglas de casa, Susana le escribe algunas advertencias: «Has aprendido algunas oraciones, tu credo y tu catecismo, en los que se resumen brevemente tus deberes para con Dios, contigo mismo y con tu prójimo. Pero, Sukey, no es aprender estas cosas de memoria, ni orar algunas en la mañana y noche, lo que te llevará al cielo; debes entender lo que dices, y debes practicar lo que sabes […]. No sé si alguna vez has considerado la condición perdida y miserable en la que te encuentras por naturaleza. Si no lo has hecho, es hora de que empieces a hacerlo, y yo suplicaré encarecidamente al Todopoderoso que ilumine tu mente, que te renueve y te santifique por su Espíritu Santo, para que seas su hija adoptiva aquí, y heredera de su bendito reino en el más allá...».

En esta carta, Susana dejó claramente en manifiesto que la salvación no se logra a través de simplemente realizar ritos religiosos externos, sino que requiere una obediencia desde el corazón.[10] Esta convicción encaja perfectamente con la descripción bíblica de la conversión: «Pero gracias a Dios, que, aunque erais esclavos del pecado, **habéis obedecido de corazón** a aquella forma de doctrina a la cual fuisteis entregados; y libertados del pecado, vinisteis a ser siervos de la justicia» (Rom. 6:17-18, énfasis añadido).

Jesús, hablando de la espiritualidad del reino de los cielos, explica la intención más profunda de cada mandamiento, la cual encuentra su origen en el corazón. De modo que no solamente es culpable aquel que comete homicidio, sino también aquel que se enoja contra su hermano en su interior; no solo el que consuma el acto de adulterio sino también el que lo realiza en su corazón.

Y, de hecho, el nuevo pacto anunciaba esta nueva obediencia: «... haré que andéis en mis estatutos, y guardéis mis preceptos, y los pongáis por obra», efecto del trasplante de un nuevo corazón: «Os daré corazón nuevo, y pondré espíritu nuevo dentro de vosotros; y quitaré de vuestra carne el corazón de piedra, y os daré un corazón de carne» (Ezeq. 36:26).

---

10 Arnold A. Dallimore, *Susanna Wesley* (Grand Rapids, MI: Baker, 1993). Capítulo acerca de los hijos de Susana.

De ahí la insistencia del Nuevo Testamento sobre el interior. Jesús condenó la adoración de labios con corazón apartado (Mar. 7:6); insistió en que el verdadero perdón debe ser de todo corazón (Mat. 18:35); enseñó que el mandamiento de amar a Dios involucra la totalidad de nuestro hombre interior (Mat. 22:37).

Pablo, asimismo, enseñó que el auténtico judío no es el que lo es en el exterior, sino el que lo es en el interior, cuya circuncisión es la del corazón. De ahí que todo lo que hagamos debemos hacerlo «de corazón» (Col. 3:23).

Pedro exhorta a las mujeres a arreglarse con el atavío interno del corazón y no con vestuario lujoso externo (1 Ped. 3:4), y el escritor de Hebreos nos llama a acercarnos a Dios con «corazón sincero y purificado de mala conciencia» como la contraparte interna del lavado externo de los sacerdotes en el Antiguo Testamento (Heb. 10:22).

El desarrollo de una obediencia interna instintiva es el mejor ejercicio que podemos practicar para la salud del corazón.

Expón tu corazón a la Palabra de Dios

Como nunca, vivimos en una época en palabra que nuestro corazón está siendo expuesto a una gran cantidad de vertientes de información: opiniones compartidas en las redes sociales, miles de videos de YouTube, canales digitales de televisión de toda índole, múltiples noticieros que más que informar acerca de los hechos son máquinas de propaganda, además de billones de páginas web que surgen en respuesta a una simple búsqueda y últimamente el desarrollo de la inteligencia artificial. El caudal informativo es titánico y su corriente busca arrastrar a nuestro corazón.

Además, vivimos en una época en la que se ha exaltado al individuo por encima de la verdad. Nuestra sociedad se preocupa más porque todos tengan una voz, toda una opinión antes de buscar la verdad autoritativa, la verdad que explica todas las cosas, la verdad de Dios.

La verdad absoluta que rige todo y a todos ya no es importante, lo que importa es lo que es verdad para ti, y lo que es verdad para mí. La verdad ha sido reducida a una opinión más que trabaja para quienes deseen adoptarla, pero nunca se piensa de aplicación universal. Esta corriente y esta influencia subrayan la importancia de que, como nunca, dediquemos suficiente tiempo a exponer nuestro corazón a la palabra de Dios.

Recordemos que la palabra fue central en la regeneración del corazón. Así lo anunció la antigua profecía de Jeremías: «... daré mi ley en su mente, y la escribiré en su corazón; y yo seré a ellos por Dios, y ellos me serán por pueblo» (Jer. 31:33). El eco de esta promesa se escucha en Pedro: «... siendo renacidos, no de simiente corruptible, sino de incorruptible, **por la palabra de Dios** que vive y permanece para siempre» (1 Ped. 1:23, énfasis añadido). El nuevo corazón es renovado por la palabra de Dios, regrabado con Su ley, instruido en Su voluntad.

No es por casualidad que en el Antiguo Testamento el nexo principal del «corazón» (*leb* y *lebab*) es a la sabiduría e instrucción. En la literatura de Sabiduría, en 95 ocasiones figura en Proverbios, 42 veces en Eclesiastés y 51 veces en Deuteronomio —la didáctica más densa del Pentateuco—, además de 133 veces en Salmos, que asimismo exalta la sabiduría.

La palabra continúa siendo la médula en toda la vida del cristiano. Santiago lo expresa en una forma importante a desglosar: «Por lo cual, desechando toda inmundicia y abundancia de malicia, recibid con mansedumbre la palabra implantada, la cual puede salvar vuestras almas». La palabra implantada es la «palabra de verdad» del versículo 18, que Dios unilateralmente implantó en nuestro nuevo nacimiento. Ninguno de nosotros tuvo voz ni voto o acción en nuestro nacimiento físico; no requirió de nuestra cooperación. Así fue también el nacimiento, nosotros jugamos un papel pasivo.

Ahora bien, se antoja deducir que Dios, que generó nuestro nacimiento espiritual mediante una implantación espiritual en la que permanecemos pasivos, también desarrollará nuestro crecimiento de la misma manera. Es necesario captar la aparente antinomia: la palabra implantada al inicio debe también ser recibida, cotidianamente. Esto se puede pensar como un *non sequitur,* pues, ¿cómo podemos recibir algo que ya se nos dio por implantación?

La verdad bíblica no sigue la lógica griega, sino el pensamiento hebreo en el que **nada** puede darse sin que Dios lo haya dado. En 2 Esdras, un libro apócrifo, se dice en 8:6: «Oh Señor... danos una semilla para nuestro corazón y el cultivo de nuestro entendimiento para que se produzca fruto»; un concepto paralelo al cierre de la epístola a los Hebreos: «... el gran pastor de las ovejas, por la sangre del pacto eterno, os haga aptos en toda obra buena para que hagáis su voluntad, **haciendo él en vosotros lo que es agradable delante de él por Jesucristo**». (Heb. 13:20-21, énfasis añadido).

La verdad bíblica no sigue la lógica griega;
en el pensamiento hebreo nada puede darse
sin que Dios lo haya dado.

Lo que Dios pone, nosotros lo desarrollamos, y jugamos un papel tan activo como lo fue pasivo en el nuevo nacimiento. Y la forma de desarrollar el corazón es recibiendo la Palabra implantada, meditándola y protagonizándola. Cuando exponemos el corazón a la Palabra esta irradia energía espiritual que nos edifica tal como un diamante fosforescente.

Falta todavía el protagonismo de la Palabra, que se debe oír —recibir— pero además hacer. La Palabra que regenera es la misma que santifica cotidianamente. Es la Palabra «que puede salvar nuestras almas» (Sant. 1:21); es decir, la Palabra mueve nuestras almas a perseverar en el camino de la salvación.

Pero, aunque suene a herejía, no es suficiente exponer el corazón a la Palabra para tratar con él. De hecho, Santiago asevera en esta sección que de nada servirá ser oidores si no somos hacedores de la Palabra. De nada sirve escuchar de la Escritura «la ley de la libertad» y dejarla reposando en el oído, pues, como el agua que se riega en el pavimento, se habrá de evaporar. El trato del corazón requiere meditación. La práctica brota de un corazón relleno de ella.

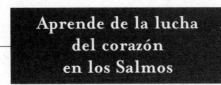

Aprende de la lucha del corazón en los Salmos

Los Salmos tienen una particularidad que ni las mismas epístolas de Pablo tienen. Representan, valga la redundancia, la inspiración del hombre inspirada por Dios. Antes de ser la Palabra de Dios dirigida a nosotros, es la palabra del creyente dirigida a Dios. Es un himnario inspirado y, como tal, es la voz del corazón. Esto mismo dijo Calvino de los Salmos:

> Qué riquezas tan variadas y resplandecientes contiene este tesoro […]. He acostumbrado a llamar a este libro […] una anatomía de todas las partes del alma; porque no hay una emoción de la que nadie pueda ser consciente que no esté aquí representada como en un espejo.[11]

Tan cruciales eran los Salmos para el trabajo pastoral del cuidado de corazones que Gregorio Magno y el patriarca Gennadio de Constantinopla se rehusaban a ordenar al ministerio a hombres que no hubieran memorizado todo el salterio.

En los Salmos descubrirás el espectro completo de los estados de ánimo y luchas del corazón, y cómo dirigirse y encontrar a Dios en toda situación.

---

11 John Calvin, *Commentary on the Book of Psalms*, trad. James Anderson (Grand Rapids, MI: Christian Classics Ethereal Library).

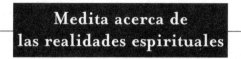

Medita acerca de las realidades espirituales

El puritano John Flavel habla del remedio para el corazón humano aferrado a lo terrenal:

> El corazón es hambriento e inquieto; necesita algo de qué alimentarse; si no paladea nada de Dios, buscará algo entre las criaturas, y allí a menudo se pierde, así como su fin. No hay nada más que comprometa el corazón a la constancia y la uniformidad de caminar con Dios, que la dulzura que sabe en él: como los galos, una vez que probaron el vino dulce de Italia, nunca pudieron satisfacerse hasta conquistar el país. Es verdad, la conciencia del deber puede impedir que el corazón la descuide; pero cuando no hay un motivo más elevado, conduce a ser mortal, y está lleno de distracciones; aquello de lo que nos deleitamos, nunca nos cansamos, como es evidente en los movimientos del corazón hacia las cosas terrenales, donde las ruedas se engrasan con deleite, funcionan con agilidad; los movimientos del corazón hacia arriba serían tan libres, si su deleite en las cosas celestiales fuera tan grande.[12]

Indudablemente, la mejor forma de elevar la mente al cielo es meditar en la Escritura en la tierra. Esto podría parecer un punto repetido al de exponer nuestros corazones a la Palabra de

---

12 John Flavel, *The Whole Works of the Reverend John Flavel*, (London; Edinburgh; Dublin: W. Baynes and Son; Waugh and Innes; M. Keene, 1820), 5:506.

Dios, pero si tú no marcas y comprendes la diferencia entre la lectura de la Palabra y su meditación, cometes un grave error, pues mediante la primera la conocemos, y mediante la segunda **la internalizamos**. De hecho, aunque conocer la palabra es loable, puede ser peligroso si no se internaliza. Santiago advierte que los demonios son conocedores, pero tiemblan al no internalizar para externalizar en obediencia.

No basta con conocer la Palabra para guardar el corazón. La Escritura misma prescribe la internalización a la mente. Bien lo expresa Mark Futato:

> Deuteronomio 6:6 dice: «Y estas palabras que yo te mando hoy estarán sobre tu corazón». ¿Qué significa que las palabras «estarán en tu corazón»? En general, podemos decir que se refiere al hecho de que las palabras deben ser internalizadas, pero, ¿qué podemos decir al respecto en detalle? Comencemos hablando sobre el ideal, el ideal del antiguo pacto, el requisito del antiguo pacto, el de tener las palabras, los mandamientos, en el corazón. ¿Qué significa eso? En un nivel básico, significa memorizarlos.[13]

La Escritura, no obstante, además de enseñar la memorización de la Palabra enseña la meditación de ella. El Salmo 119 es la mejor lección de esta disciplina: «¡Oh, cuánto amo yo tu ley! Todo el día es ella **mi meditación**. Me has hecho más sabio que mis enemigos con tus mandamientos, porque siempre están conmigo.

---

13 Mark Futato, *The Shema*, en *Old Testament: Advanced Background and Context Studies Study Bundle* (Lexham Press, 2014–2022).

Más que todos mis enseñadores he entendido, porque tus testimonios **son mi meditación**» (vv. 97-99, énfasis añadido).

Pocos saben comparar la memorización de la Escritura con la meditación como los puritanos, y de entre ellos Thomas Watson:

La meditación sobre la verdad tiene más dulzura que el mero recuerdo de ella. El recuerdo es el cofre donde se guarda la verdad: la meditación es el paladar para alimentarse de él. El recuerdo es como el arca, donde se guardó el maná. La meditación es como recoger el maná y alimentarse de él diariamente. Un sermón recordado, pero no rumiado, solo aumentará nuestra condena. Sin meditación, la predicación puede aumentar nuestra noción, pero no nuestro afecto por ella. Hay tanta diferencia entre el conocimiento de una verdad y la meditación de una verdad, como la hay entre la luz de una antorcha y la luz del sol. Watson dice en conclusión: «Es mejor meditar en un sermón que escuchar cinco».[14]

A Dios le corresponde escribir su ley en nuestro corazón mediante el nuevo pacto, a nosotros nos toca, por su Espíritu, reescribirla diariamente mediante la meditación. Y esta es precisamente una de las formas que Salomón recomendaba para guardar el corazón: «Hijo mío, no te olvides de mi ley, y tu corazón guarde mis mandamientos; porque largura de días y años de vida y paz

---

14 Thomas Watson, *Puritan Gems; Or, Wise and Holy Sayings of the Rev. Thomas Watson, A.M.*, ed. John Adey, Second Thousand (Londres: J. Snow, and Ward and Co.; Nisbet and Co.; E. F. Gooch, 1850), 95-97.

te aumentarán. Nunca se aparten de ti la misericordia y la verdad; átalas a tu cuello, **escríbelas en la tabla de tu corazón**» (Prov. 3:1-3, énfasis añadido).

Como nunca, Dios ahora nos ha capacitado para hacerlo, ha quitado de nosotros el corazón de piedra en el que era difícil grabar su ley y nos ha dado un corazón de carne capaz de absorber la tinta de Su Palabra.

Pero aún hay otra forma de cuidar el corazón, y es aprovechar lo que Pablo quiso decir con «todas las cosas son nuestras». Es decir, hay maestros a quienes Dios ha dado dones para nuestra edificación. Por esto:

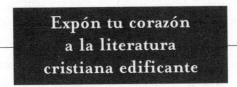

Expón tu corazón a la literatura cristiana edificante

Escribió un cristiano sobre una experiencia edificante que tuvo una tarde:

> Por la tarde, reticente, fui a una sociedad en la calle Aldersgate, donde uno leía el prefacio de Lutero a la epístola a los Romanos. Alrededor de las nueve menos cuarto, mientras describía el cambio que Dios obra en el corazón a través de la fe en Cristo, sentí que mi corazón fue conmovido extrañamente. Sentí que, de hecho, había confiado en Cristo, solo Cristo, para salvación; y me fue dada una certeza de que había quitado los pecados, incluso los míos, y me había salvado de la ley del pecado y la muerte. Enseguida comencé a orar por aquellos que

me habían maltratado y perseguido, y comencé a compartir públicamente la impresión de mi corazón.[15]

Puño y letra de John Wesley. Parece sorprendente que la lectura de un prefacio le resultase de tal edificación a una persona de su talla espiritual. Pero, mirando detenidamente, la nota no dice «extrañamente, mi corazón se vio conmovido», sino «sentí mi corazón conmovido extrañamente». Dios sopló aliento de vida a ese párrafo y trajo una bendición al alma de Wesley. Es cierto que no hay nada que Dios bendice como la luz de la Escritura. Pero Dios tanto bendice su luz directa como su reflejo en libros cristianos. A medida que un libro profundiza y expone la Escritura, Dios producirá variados efectos como enternecer, perturbar, animar, consolar y quebrantar, según la necesidad de cada corazón.

Pero no toda lectura resulta en esta «extraña conmoción». Aunque Dios puede hacer que las piedras inanimadas conmuevan nuestro corazón, somos responsables de la selección de nuestra dieta de consumo. Debemos escoger deliberadamente aquellos autores que «llegan al corazón». Pues, dejado a nuestro apetito, nuestro astuto corazón nos habrá de disuadir de tales «lecturas santas» y nos sugerirá lecturas que surtan efecto nulo.

¿Por qué es importante esto hoy en día? Porque, por un lado, la literatura cristiana contemporánea consiste en lecturas académicas áridas que encienden la mente pero dejan el corazón a oscuras. Por otro lado, abundan los libros dirigidos a las emociones, que hacen sentir bien a la gente, pero no instruyen al corazón. Y aun

---

15 Donald K. McKim, *The Westminster Dictionary of Theological Terms*, segunda edición, revisada y ampliada (Louisville, KY: Westminster John Knox Press, 2014), 8.

otros manuales de autoayuda con ideas prácticas deslindadas de la doctrina.

La lectura que edifica el corazón comienza con la exposición de doctrina bíblica que ilumina la mente, nutre la conciencia y no hace un llamado a la práctica sin antes aplicar la verdad al corazón, pues de la abundancia del corazón habla la boca y se movilizan los pasos.

En una ocasión John Owen, titán intelectual de los puritanos, fue a escuchar predicar a John Bunyan. Cuando se enteró el rey Carlos II, le preguntó al erudito cómo alguien tan bien educado como él querría escuchar la simple predicación de un hojalatero. Owen respondió: «Su Majestad, si pudiera poseer las habilidades de tal hojalatero para cautivar los corazones de los hombres, con mucho gusto daría a cambio todo mi aprendizaje».[16]

Evitemos ser cabezones con corazón raquítico.

Expón tu mente a la predicación

Se parece a lo anterior dicho de otra manera, pero no lo es. Si bien la lectura y meditación de la Palabra son canales de gracia, Dios estableció a la predicación como el medio oficial para la conversión de los pecadores y la edificación de la iglesia.

Cuando Pablo explica la dinámica esencial de la fe y el evangelio, la predicación se halla en el epicentro: «¿Cómo, pues,

---

16 "The Gallery—People Around John Bunyan", Christian History Magazine - Issue 11: John Bunyan and Pilgrim's Progress (Worcester, PA: Christian History Institute, 1986).

invocarán a aquel en el cual no han creído? ¿Y cómo creerán en aquel de quien no han oído? ¿Y cómo oirán sin haber quien les predique? ¿Y cómo predicarán si no fueren enviados? Como está escrito: ¡Cuán hermosos son los pies de los que anuncian la paz, de los que anuncian buenas nuevas!» (Rom. 10:14-15).

La predicación, del vocablo κήρυγμα —proclamación de palabra—, conlleva doble sentido: denota tanto el acto como el contenido. Es decir, el evangelio es «algo que se predica y lo que se predica». Dios no quiere que el canal de comunicación del evangelio sea la lectura, pues no dice: «... ¿y cómo oirán sin haber algo que leer?» (Rom. 10:14-16), sino la proclamación por el heraldo humano. Este medio de comunicación es parte integral del ADN del evangelio.

De hecho, la predicación no solo nos enfrenta al predicador, sino a Cristo mismo: «¿Y cómo creerán en aquel de quien no han oído?». La Biblia de las Américas tiene una lectura alterna: «¿Y cómo creerán en aquel de quien no han oído?» Tanto Leon Morris como John Murray —entre otros comentaristas superlativos— interpretan el lenguaje como una alusión a la voz del mismo Cristo. Morris afirma:

> El punto es que Cristo está presente en los predicadores; escucharlos es escucharlo (ver Lucas 10:16), y la gente debería creer cuando lo escuchan.[17]

No es un concepto aislado en un versículo oscuro, sino el eco de palabras claras de Cristo: «El que a vosotros oye, a mí me oye; y

---

17 Leon Morris, *La Epístola a los Romanos*, The Pillar New Testament Commentary (Grand Rapids, MI; Leicester, Inglaterra: W.B. Eerdmans; Inter-Varsity Press, 1988), 390.

el que a vosotros desecha, a mí me desecha; y el que me desecha a mí, desecha al que me envió» (Luc. 10:16).

Teológicamente esto corresponde a la continuación del triple oficio de Cristo de profeta, sacerdote y rey. En su sesión celestial, Cristo reina —toda potestad le ha sido dada en el cielo y en la tierra—. Él sigue intercediendo como nuestro Sumo Sacerdote y, además, continúa su ministerio profético, principalmente en acompañar la predicación de sus siervos.

Cada uno de nosotros tiene un testimonio del cambio de corazón que experimentamos al enfrentarnos a la predicación de Su Palabra. No existe mayor transformación de corazón que la regeneración; esta transformación fue mayor que toda santificación que se logre previa a nuestra glorificación. Fue entonces que pasamos de muerte a vida, de las tinieblas a la luz. Y es mayor pasar de oscuridad a luz que de menor a mayor luz. Pero tanto la regeneración como la santificación son impulsadas principalmente mediante la predicación (1 Tes. 2:13).

Aplicación

Rehuir de la predicación es el mayor descuido al corazón. Esto no solo se da cuando dejamos de asistir a las prédicas, sino también en la tendencia de hoy en día de desplazar el púlpito y diluir la predicación.

¡Qué atinadas son las palabras de Steven Lawson!:

> En esta hora actual, ha habido un extraño alejamiento de esta postura sobre la suficiencia de la Escritura una vez firme. En poco se ve esto más claramente que en

el poder cada vez más reducido del púlpito evangélico. Los estilos de adoración de moda, el entretenimiento mundano, el pragmatismo grosero, la psicología popular y demás compiten contra la centralidad de la exposición bíblica. En todo el mundo evangélico, la predicación se está diluyendo con grandes dosis de sabiduría cultural, consejos terapéuticos, balbuceo psicológico, intuiciones místicas, pensamiento positivo y agendas políticas, todo mezclado con un aluvión de anécdotas personales.

Si nos proponemos sobre toda cosa guardada guardar nuestro corazón, escuchar la predicación no es algo opcional o una de varias alternativas. Tampoco podemos permitir que la predicación a la que nos expongamos esté diluida. El predicador no tiene inherente la presencia de Cristo sino solo a la medida que lo que expone es Su Palabra. Cuando el predicador corta el contenido bíblico del sermón su fuerza desaparece al igual que cuando a Sansón le cortaron el pelo.

Persigue compañerismo edificante

«Mirad, hermanos, que no haya en ninguno de vosotros corazón malo de incredulidad para apartarse del Dios vivo; antes exhortaos los unos a los otros cada día, entre tanto que se dice: Hoy; para que ninguno de vosotros se endurezca por el engaño del pecado» (Heb. 3:12-13).

Dentro de los imperativos destacados en la epístola a los Hebreos está el del compañerismo cristiano. En la situación particular de esa congregación, había un círculo que había retrocedido a una vida veterotestamentaria, y otros titubeantes que tenían por costumbre «dejar de congregarse».

Parece una contradicción, pero existen cristianos que no asisten a la iglesia. No me refiero a cabritos que tarde o temprano salen de una congregación porque en realidad «no eran de nosotros» como Juan lo denuncia en su epístola. Me refiero a auténticos cristianos que por diversas particularidades viven como ermitaños, apartados de la confraternidad local.

Entre estos se encuentran incluso cristianos de abolengo. ¿Cómo? Sí, Arthur Pink el reconocido autor, vivió muchos años —por los menos doce— sin poner un pie en la iglesia. Hizo una costumbre más que una tradición: dejar de congregarse. Decía que no se encontraban buenas iglesias a su alrededor.

No toda iglesia es buena; algunas califican como sinagogas de Satanás (Apoc. 2:9). Pero en cada época, Dios ha tenido iglesias verdaderas —aunque imperfectas— pues ninguna está formada de ovejas cien por cien, libre de cabritos. Evidentemente, la iglesia de los hebreos no estaba exenta de cabritos. Con todo, los creyentes en la epístola son exhortados a no dejar de congregarse «como algunos tienen por costumbre» (Heb. 10:25).

El punto es que las exhortaciones fraternales ayudan a que el corazón no se endurezca. Pues sin ellas solo escuchamos lo que nos gusta decirnos. Así es, pues la corrupción de nuestro corazón es capaz de plantar en nuestra mente exhortaciones que evadan sus pasiones predilectas y que, como Saúl, se rehúsen a pasar todo lo contrario a la voluntad de Dios a filo de espada (1 Sam. 15:14).

Esto mismo señaló Salomón: «El que vive aislado busca su propio deseo, contra todo consejo se encoleriza» (Prov. 18:1, LBLA). Igual de malo es aislarse que reunirse con cristianos mundanos. No se debe dar por sentado que cuando se da el paso dentro de la iglesia se sale del mundo, pues no ha existido época en la historia de la iglesia en que no haya existido, en mayor o menor grado, infiltración del mundo. De hecho, ¿no fue esto una de las motivaciones de la época monástica? Fue el intento de algunos cristianos de apartarse de una iglesia poluta del mundo. No fue exitoso, pues podemos vivir alejados del mundo, pero siempre estamos unidos a nuestra carne y podremos resistir, pero no evitar al diablo.

El punto es que es ingenuo pensar que el compañerismo edificante es estándar en la iglesia, pues junto con las ovejas saludables se encuentran cabritos que aparentan ser ovejas y ovejas débiles, neófitas o descarriadas. Si hemos de motivar el corazón a la santidad tendremos que discriminar a favor del bienestar de nuestro corazón.

Pero, ¿para qué dar una exhortación de lo que se da de forma natural en la mayoría de los creyentes? La mayoría añoramos reunirnos con los hermanos, pero no siempre seleccionamos el círculo fraternal correcto. Orbitamos hacia una fraternidad cómoda, que nos haga sentir bien, y evadimos a aquellos hermanos «persignados y demasiado buenitos». Siendo que son ellos los que instigan un mayor impulso santo a nuestro corazón. El refrán «dime con quién andas y te diré quién eres» tiene su equivalente bíblico: «El que anda con sabios, sabio será...» (Prov. 13:20).

Recuerda: Dios no solo nos hace responsables
de nuestras acciones, sino también de las
influencias a las que nos exponemos,
las cuales afectan a nuestras acciones.

Particularmente son importantes nuestras amistades cristianas. Toda influencia tiene una fuerza directamente proporcional a la intimidad que se tiene con otros. Cuanto mayor es la intimidad, mayor es la probabilidad de influencia. Fuera del matrimonio, no existe mayor intimidad que la que se da en la amistad. Por cierto, no todos nuestros amigos pueden ser canonizados santos, pero sin duda el potencial benéfico de los buenos amigos se hace patente en la Escritura: «Hierro con hierro se aguza; y así el hombre aguza el rostro de su amigo» (Prov. 27:9).

Habla a tu corazón

La conclusión y el resumen de tratar con el corazón se encuentran encerrados en este dicho:

«Si quieres ser santo, guarda tu corazón y guárdate de tu corazón».

Pues al igual que el corazón es el blanco de los dardos del mundo, tú eres el blanco de los dardos de tu corazón. Santiago, hablando del origen de las enemistades en la iglesia, atribuye el problema a las «pasiones que combaten en nuestros miembros» (Sant. 4:1). Como una emisora de radio, cada día nuestro corazón transmite, y mientras que el Espíritu en nosotros transmite buenos deseos, el pecado remanente transmite los malos.

Por esto, uno de los factores determinantes de la entereza de nuestra vida cristiana es si habremos de permitir a nuestro corazón que nos hable, o cambiar el diálogo por un monólogo de nosotros al corazón.

¿Pero cuál debe ser la conversación a dirigir al corazón? Debe ser lo que la Biblia nos ha revelado: las realidades y los valores del cielo, y la corrupción desenterrada en nuestro corazón por el Espíritu.

El corazón es el escéptico de escépticos; con la misma intensidad que duda de las cosas del cielo, duda la realidad de su propia corrupción. Por esto, conocer nuestro corazón es insuficiente para el crecimiento si no le recordamos constantemente de lo que es capaz, de la cordura de los mandamientos de Dios, la realidad de Su disciplina, y de Su bendición y recompensa para los que le obedecen. Nada más peligroso que cuando nos olvidamos —voluntariamente— de la maldad latente en nuestro corazón.

Controla lo que habla tu corazón

La última recomendación es primera en importancia, pues la interdependencia espiritual entre el corazón y la lengua es equivalente a la física entre los pulmones y las vías respiratorias: son interdependientes e inseparables. Los fariseos aprendieron esta teología en forma de candente represión: «¡Generación de víboras! ¿Cómo podéis hablar lo bueno, siendo malos? Porque de la abundancia del corazón habla la boca» (Mat. 12:34).

Jesús enseña dos principios de comunicación con los que tachó a los fariseos de malvados. El primero es que lo que el corazón dispone, eso es lo que la lengua habla, pues la lengua es la voz del corazón. El segundo es que, si bien la lengua puede disimular ciertos males del corazón, no puede ocultar aquello de lo que mayormente está hecha.

Todos en algún momento hemos comentado de otra persona: «Lo que él dijo, es incompatible con quién es». Pues tal como Spurgeon dijo, la lengua es al hombre lo que el índice es a un libro: expone su contenido. La hipocresía de los fariseos era tal que se les oía decir cosas que si hubieran permanecido anónimos se pensarían bondades, cuando en realidad eran veneno, pues eran una generación de víboras.

La implicación para nosotros es que, aparte de ser el índice del contenido del corazón, la lengua es una de las herramientas más potentes para santificar o corromper el corazón. Tal como Santiago indica: «Si alguno no ofende en palabra, éste es varón perfecto, capaz también de refrenar todo el cuerpo" (Sant. 3:2). Es evidente que Santiago utiliza la palabra «cuerpo» como metáfora de todo el ser, y a la lengua le atribuye enormes poderes benéficos y maléficos: es capaz de refrenar todo el cuerpo (v. 2), es capaz de contaminar todo el cuerpo (v. 6). Y es capaz, cuando es utilizada para pretender religiosidad hueca, de «engañar al corazón» (Sant. 1:26).

De ahí que el uso de la lengua es una ventana por la que podemos observar si lo que hemos contribuido en el día es a la edificación o la decadencia de nuestro corazón. Si quieres cuidar tu corazón debes ser un inspector de tu lengua para asegurarte de que las palabras que predominaron en tu día fueron mayormente buenas.

CAPÍTULO 8

El adiestramiento de tu corazón

EN UN MOTOR DE BÚSQUEDA la frase «Adiestramiento del corazón» regresa resultados del budismo principalmente. Este adiestramiento es una parte integral de la enseñanza budista y se atribuye al Buda histórico, Siddhartha Gautama. Esto debería ser diferente, pues fue Salomón, cientos de años antes, quien desarrolló el concepto como parte de la sabiduría que Dios le dio y con un enfoque diferente.

Si se deja sin cuidado, el corazón no se desarrolla en un hermoso jardín sino en una selva abrumada por la mala hierba. La mejor prevención es el cultivo, pues la mejor forma de frenar la hierba mala es plantando un jardín denso de plantas buenas.

Esto mismo se propuso Salomón plantar en el corazón de sus hijos.[1] El libro de Proverbios abunda en sabiduría: «Escucha, hijo mío, y sé sabio, y dirige tu corazón por el buen camino». (Prov. 23:19, LBLA). Este era el cargo principal del corazón

---

1 Sabemos que por lo menos tuvo tres: Roboam y dos hijas casadas con príncipes.

mismo de Salomón: «Hijo mío, si tu corazón fuere sabio, también a mí se me alegrará el corazón» (Prov. 23:15).

La sabiduría es tan inmensa como el amor, requiere toda una familia de palabras para explicarlo: sabiduría, inteligencia, ciencia, prudencia. Los términos encierran el dote divino de habilidad dado a los artesanos del tabernáculo (Ex. 31:3), el conocimiento informativo (2 Sam. 14:20); asimismo, el conocimiento de la experiencia de la vida, es decir, la causa y los efectos de la providencia de Dios (Prov. 11:28); y el conocimiento de valores (Prov. 16:16; Prov. 22:1). Este espectro se fundamental en el temor de Dios y sus mandamientos, de ahí que destaca el tema de la justicia y el mal junto a la sabiduría.

La implicación es que el adiestramiento del corazón es muy vasto, su currículo incluye adiestramiento en la ética —los mandamientos de Dios—, la escuela de la espiritualidad, la escuela vocacional, la escuela de valores y el adiestramiento en la escuela de la vida.

Veamos algunos puntos de este adiestramiento.

La discreción del corazón

En una conferencia de temas teológicos, uno de los dirigentes hizo una pregunta en relación con un versículo en Timoteo. Ni tardos ni perezosos, varios jóvenes pastores saltaron a dar su opinión. Al final, el dirigente se dio cuenta de que se encontraba el profesor John Murray —teólogo de teólogos— en la parte de atrás del auditorio y decidió incluirlo en la pregunta. Después de levantarse lentamente, hizo una pausa y dijo: «Ha pasado algún tiempo desde que profundicé en esa porción, por lo que prefiero no dar mi opinión ya que temo equivocarme y no reflejar adecuadamente la voluntad de Dios». Se hizo gran silencio entre los jóvenes pastores, quienes seguramente hubieran anhelado haber permanecido en silencio. «El hombre cuerdo encubre su saber; mas el corazón de los necios publica la necedad» (Prov. 12:23). Salomón nos enseña un aspecto de la sabiduría poco entendido y menos practicado. El hombre sabio se conoce por su palabra, pero más por su silencio, aun si así es ignorado (Ecle. 9:16).

El sabio habla, pero no parlotea. En contraste, el necio no habla porque tiene algo que decir, sino porque tiene que decir algo. No es movido en servicio a la verdad, sino por la manía de ser notado aun si es por su notoria insensatez.[2]

El libro de Proverbios se especializa en temas del «habla»; 114 versículos se dedican a esto. El cultivo del dominio propio en relación con la lengua es uno de ellos (Prov. 15:28). Debemos entrenar el corazón a detener la lengua hasta que se alineen tres factores: la palabra atinada, expresada en el tiempo oportuno, en la situación apropiada a la persona apropiada.

A la sabiduría desplegada por Salomón podemos agregar otros principios al cultivo del «silencio sagrado». R. A. Griffin en el Ilustrador Bíblico[3] arroja valiosos principios de cuándo es mejor callar:

---

2 La locuacidad es señal de una lengua desbocada que multiplica errores: «¿Has visto hombre ligero en sus palabras? Más esperanza hay del necio que de él». Corre el peligro de hablar sin premeditación (Prov. 29:20)

3 Joseph S. Exell, ed., *The Biblical Illustrator: Old and New Testament Collection* (Baker; Francis Griffiths; Fleming H. Revell; J. Nisbet & Co.; Anson D. F. Randolph & Company: y Jennings and Graham, 1904–1954).

1- Cuando es mejor esperar a un tiempo más oportuno (Juan 16:12).

2- Cuando la sabiduría por expresarse sobrepasa la capacidad del auditorio para comprenderla[4] (1 Cor. 2:2).

3- Cuando lo más probable es que la verdad por expresarse sea incorrectamente aplicada (Mar. 15:5).

4- Cuando tenemos certeza de que la verdad será rechazada (Mat. 7:6).

5- Cuando lo que está por decirse está calculado para lastimar a los creyentes (Lev. 19:16).

6- Cuando expresar la verdad será únicamente para vanagloria propia (Prov. 27:2).

A estos podemos agregar uno más: cuando lo que se diga no esté motivado por el amor (Ef. 4:15; Col. 13:1-2)

La lengua y el corazón están más estrechamente ligados. Por ende, Santiago afirma que quien logra controlar su lengua podrá controlar el resto del cuerpo, pues habrá controlado su corazón (Sant. 3:2).

La terapia al corazón

A través del libro de Proverbios corre la sencilla fórmula de que al justo le va bien, mientras que al impío le va mal. El mismo

---

4 Griffin no está aplicando este principio al evangelismo (que es el contexto de esta porción cuando Pablo predicaba a los griegos), sino a la costumbre de algunos intelectuales de expresar cosas que otros no llegan a comprender impidiendo así que la verdad cumpla con el fin de edificar a los demás.

principio se aplica al corazón. El corazón que bien hace se llena de alegría: «Engaño hay en el corazón de los que piensan el mal; pero alegría en el de los que piensan el bien» (Prov. 12:20, ver también Prov. 29:6), tanto por la paz subjetiva de la conciencia como por las bendiciones que la providencia reparte en el camino del que hace bien; al Señor le encanta alegrar los corazones de los justos.

Frecuentemente escuchamos a alguien decir que ciertos alimentos, aunque se antojan, no son provechosos al corazón. La alimentación espiritual se rige igual: cada buen acto del corazón edifica el carácter y también infunde gratificación emocional. Dados los desbalances emocionales que nos acosan, debemos valorar todo aquello que infunda paz, gozo y serenidad. Cada vez que el corazón practica el bien, nuestro ánimo recibe la mejor de las terapias.

Pero no solo al ánimo; Salomón en Proverbios da por sentado el nexo psicosomático del corazón. «El corazón apacible es vida de la carne; mas la envidia es carcoma de los huesos» (Prov. 14.30); «el corazón alegre hermosea el rostro; mas por el dolor del corazón el espíritu se abate» (Prov. 15:13); «la congoja en el corazón del hombre lo abate; mas la buena palabra lo alegra» (Prov. 12:25). La ciencia médica reconoce que el estado de ánimo conlleva un efecto indirecto al corazón. Se sabe de personas que fallecieron de «síndrome del corazón roto». La salud del corazón espiritual también aprovecha al físico.

El desarrollo vocacional del corazón

La sabiduría que Salomón describe en Proverbios fue una destilación del dote que recibió de Dios, que abarcó más allá del buen comportamiento: «Y compuso tres mil proverbios, y sus cantares fueron mil cinco. También disertó sobre los árboles, desde el cedro del Líbano hasta el hisopo que nace en la pared. Asimismo disertó sobre los animales, sobre las aves, sobre los reptiles y sobre los peces» (1 Rey. 4:32-34). Tal como el ingenio de Leonardo da Vinci incursionó en la ciencia y no solo en el arte, Salomón fue el erudito de la ciencia en su tiempo y este conocimiento formaba parte de la anatomía de un corazón sabio.

Aplicación

Es importante que como pastores y padres de familia no clasifiquemos el aspecto vocacional de nuestras ovejas como algo secular ajeno a la consejería bíblica, pues su desarrollo en habilidades y su llamado vocacional es parte del desarrollo de sus corazones y no debe ser separado del crecimiento en el temor de Dios, y el discipulado a las ovejas no debe limitarse a uno netamente espiritual.

El día que conocí la iglesia a la que asisto con mi familia, me complació enterarme de que cada mes ofrecían un evento en el que algún miembro de la congregación daba un taller sobre su ocupación para que otros padres llevaran a sus niños y cultivaran su corazón en el área vocacional, parte integral de un desarrollo espiritual equilibrado.

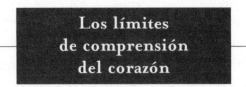

Los límites de comprensión del corazón

Límites en el escrutinio del corazón

Una de las dimensiones de la sabiduría es la profundidad. Lo opuesto es la superficialidad protagonizada por «el simple», el cual se mueve por apariencias y superficialidades. Salomón recomienda la indagación del corazón, aunque reconoce los límites, pues el corazón no es una piscina que tomando una respiración profunda se llega a alcanzar el fondo, es más bien una fosa oceánica sin fondo. De ahí que sea tanto escrutable como inescrutable.

El sabio sabe cómo escudriñar el corazón: «Como aguas profundas es el consejo en el corazón del hombre; mas el hombre entendido lo alcanzará» (Prov. 20:5). Dependiendo del contexto, la palabra «consejo» en este versículo también se traduce como «propósito» o «pensamientos». El texto compagina con el diario quehacer de Salomón de juzgar a su pueblo haciendo observaciones, disecciones entre el bien y el mal.

En el célebre episodio de las dos rameras en pugna, su sabiduría se hizo patente al extraer la mentira de la impostora y el amor de la auténtica madre del bebe. Como hombre entendido, pudo sondear en la profundidad del corazón.

Aplicación

Como pastores, jefes, líderes, maestros, padres, Salomón nos hace un llamado a aprender a sondear los corazones de los que dependen de nosotros; a ser, como se expresa en la epístola a los

Hebreos, aquellos que «por el uso tienen los sentidos ejercitados en el discernimiento del bien y del mal» (Heb. 5:14). Los padres fallan si educan a sus menores en base a apariencias y palabras sin indagar «qué se traen» con su corazón. Los pastores, asimismo, deben enseñar a sus ovejas a examinar el corazón detrás, de tanto mala como de buena conducta, sin abismarse en profundidades desconocidas, pues aguas profundas son las malas motivaciones del corazón: «... y el íntimo pensamiento de cada uno de ellos, así como su corazón, es profundo» (Sal. 64:6). Debajo de nuestros intereses conscientes yacen móviles ulteriores difíciles de descubrir. Lo que yace más allá de nuestro alcance le pedimos a Dios que lo revele a su tiempo y de una manera que corresponda a nuestra misión en la tierra.

Recuerdo una ocasión cuando di un consejo, según yo, movido por la mejor de las intenciones, y que aunque era consciente de la presencia de otros móviles egoístas, también estaba persuadido de que los había excluido para que no interfirieran. El consejo fue fallido y causó una herida emocional a la persona. Durante la crisis, Dios fue fiel en mostrarme que el protagonista había sido un móvil egoísta.

Límites de la empatía

Los límites también se dan en la empatía. Proverbios 14:10 dice: «El corazón conoce su propia amargura, y un extraño no comparte su alegría» (LBLA). El dicho se encuentra dentro de un quiasmo, figura retórica de paralelismos donde el versículo tiene una contraparte que habla del mismo tema o de algo semejante, y la encontramos dos versículos después: «Aun en la risa, el corazón puede tener dolor, y el final de la alegría puede ser tristeza», (Prov. 14:13, LBLA). El común denominador de ambos versículos es que las apariencias engañan. Lo que distinguimos en los corazones de otros es parcial, nunca total.

Esto es una lección acerca de la empatía. En la iglesia es una obligación fraternal, pero la empatía debe practicarse siendo conscientes de sus límites. Debemos «llorar con los que lloran y reír con los que ríen», pero no pretender que llegaremos a conocer la totalidad del sentir ajeno. Este fue el penoso asunto de los consejeros de Job. Sus pontificaciones no pasaron de tanteos fallidos que solo sirvieron para empeorar su dolor.

Al mostrar empatía por otros —incluso por allegados— debemos ser sabios tanto al hablar como al callar. Recientemente mi esposa pasó por una amargura, y yo, con complejo de sabelotodo, escuché un poco para después dar el consejo que debía aliviarla, según yo. Aprendí que el mejor consuelo es callar y escuchar, hasta que el alma termine de supurar todo su dolor.

Debemos ponernos en el lugar de la otra persona, pero entender que nunca comprenderemos su experiencia en su totalidad, pues esta se desprende de un contexto complejo que incluye su temperamento, crianza, perfil espiritual, experiencias de la vida, patrones de pecado, etc. Incluso en el matrimonio no cesamos de ser individuos, con sentimientos individuales; estamos unidos, pero no somos uniformes.

> También yo podría hablar como vosotros,
> Si vuestra alma estuviera en lugar de la mía;
> Yo podría hilvanar contra vosotros palabras,
> Y sobre vosotros mover mi cabeza.

Pero yo os alentaría con mis palabras,

Y la consolación de mis labios apaciguaría vuestro dolor

(Job 16:4-5).

Disciplina para el corazón

Un predicador contó la historia de su infancia, donde su padre lo corregía y su madre se encontraba a su lado, atenta a su actitud. En ocasiones, le decía al padre: «Necesita más, su espíritu todavía no es dulce». Hasta que finalmente su rebeldía se quebrantaba. Ellos sabían que la disciplina no es solo para forzar a alguien ha obedecer, sino que el verdadero objetivo es reformar el corazón obstinado a través del quebranto.

Incluso el mejor adiestramiento es insuficiente sin la intervención de la disciplina de Dios. Al contrario de lo que señala la psicología, el corazón no puede ser formado colmándolo de experiencias positivas solamente. Salomón conoce que el corazón no solamente sabe desviarse, sino que está desviado de fábrica; escribe que la necedad está ligada al corazón del muchacho y que toma la vara de corrección para alejarlo de ella.

Esto no solo se aplica a la disciplina corporal; parte del adiestramiento de nuestro propio corazón será cambiar nuestra disposición de corazón hacia la disciplina de Dios, para ir de resignación a aprecio: «Los azotes que hieren son medicina para el malo y el castigo purifica el corazón» (Prov. 20:30). Es paradójico, pero cierto: lo que hiere es medicinal. Las heridas infligidas por la providencia de Dios restauran el corazón. El cristiano que conoce la corrupción de su corazón sabe que después que rompe la ola de aflicción sobre nuestro corazón sigue la resaca de contentamiento y paz.

«Mejor es el pesar que la risa; porque con la tristeza del rostro se enmendará el corazón. El corazón de los sabios está en la casa del luto; mas el corazón de los insensatos, en la casa en que hay alegría» (Ecle. 7:3-4).

CAPÍTULO 9

Dios y la dureza
del corazón

NO PODREMOS ENTENDER EL PAPEL de la dureza del
corazón y su interacción entre el mundo terrenal y el espiritual
sin entender las cuatro maneras en que Dios lo trata. La Escritura muestra que Dios es el Soberano sobre la dureza del corazón
humano de tanto inconversos como creyentes, Dios es el Juez del
corazón endurecido, Dios es el Salvador del corazón endurecido
y Dios en ocasiones tolera el corazón endurecido.

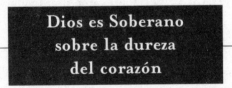

**Dios es Soberano
sobre la dureza
del corazón**

Temprano en la lectura de la historia de la redención nos topamos
con la dureza del corazón en oposición a la voluntad de Dios en
el éxodo del pueblo de Dios.

En este choque, el corazón del faraón fue uno de los prota-
gonistas del drama. Más de una quincena de veces encontramos
alusiones paralelas al endurecimiento de su corazón. Por un lado,

Faraón endurecía su corazón: «Pero viendo Faraón que le habían dado reposo, endureció su corazón y no los escuchó, como Jehová lo había dicho». Paralelamente, Dios como el actor: «Y yo endureceré el corazón de Faraón, y multiplicaré en la tierra de Egipto mis señales y mis maravillas» (Ex. 7:3). La reconciliación de estas realidades —la soberanía de Dios y las decisiones del hombre— ha sido uno de los más profundos rompecabezas entre los teólogos penetrantes. No es mi intención resolver esta antinomia, solo afirmar que ambas realidades resultan para el bien del pueblo de Dios. Así lo abordaba Spurgeon mismo: es innecesario reconciliar a dos buenos amigos.

En la crónica del éxodo, el punto del endurecimiento del corazón de Faraón no es analizar la relación entre la soberanía de Dios y la volición del hombre, sino establecer que el éxodo de su pueblo obedecía al libreto soberano y épico de Dios. Los trazos serían portentos contrapuestos a la terquedad del corazón de Faraón. La soberanía de Dios que endurece el corazón de Faraón «para mostrar en ti mi poder, y para que mi nombre sea anunciado en toda la tierra» (Ex. 9:16). La lección es que, por encima de los reyes más rudos e insensatos, gobierna la soberanía de Dios: «Como los repartimientos de las aguas, así está el corazón del rey en la mano de Jehová; a todo lo que quiere lo inclina» (Prov. 21:1).

Ahora bien, no es que Dios incita al mal; todo lo contrario, lo restringe; frena al corazón humano, pues de no hacerlo la tierra habría seguido un curso de autodestrucción (como el mundo antediluviano). No obstante, en momentos decisivos, Dios abre la jaula y deja que el corazón salga a hacer y deshacer. Esto mismo hizo con Faraón, un monarca megalomaníaco que se pensaba un dios —tal como lo consideraban en Egipto— y a quien nadie se atrevía a decirle «no», y a quien todos debían responder «sí» sin importar el capricho.

Su corazón actuó al son de su furia. Pero aun así no pudo sobreponerse a la soberanía de Dios, pues la Escritura dice: «Ciertamente la ira del hombre te alabará; tú reprimirás el resto de las iras» (Sal. 76:10). Su prepotente berrinche hizo cumplir el libreto de redención de una forma innegablemente sobrenatural, tal como Dios lo había diseñado.

Aplicación

Debemos levantar a Dios alabanzas repletas de suspiros de alivio por su soberano control y estratégico manejo de la dureza del corazón del hombre, pues, de no ser así, los cristianos, quienes somos «olor de muerte para muerte», habríamos sido desde hace tiempo exterminados.

Dios es el Juez del corazón endurecido

Aunque la soberanía de Dios paradójicamente cambia el rumbo de los actos de dureza de corazón para que, en vez de traer calamidad, resulten en bendición para Su pueblo, no obstante, el buen resultado no exime la perversidad de los actos de dureza perpetrados por el hombre.

Por esto, a través de la historia, Dios ha repartido juicios y castigado la dureza. Así lo hizo con Faraón y sus ejércitos, con su propio pueblo en Meriba (Heb. 3:15) y con todos los que resisten Su palabra. Aquellos que no se arrepienten frente al evangelio tras las abundantes oberturas de la gracia de Dios muestran la máxima dureza penada con el castigo eterno: «Pero por tu dureza y por tu corazón no arrepentido, atesoras para ti mismo ira para el día de la ira y de la revelación del justo juicio de Dios» (Rom. 2:5). Esto no significa que Dios se pasa el tiempo rastreando los corazones endurecidos para repartir juicios como si se complaciera en delatarlos y condenarlos; el juicio rompe cuando, pese a la reconvención, el hombre se obstina en pecar.

El colmo de dureza fue el de Israel. Llegó a ser peor que las naciones circunvecinas pese a la luz que tenía. Es decir, pecaba peor en pleno día que como pecaban de noche las naciones. Sus profetas estaban habituados a toparse con su dureza: «Mas la casa de Israel no te querrá oír, porque no me quiere oír a mí; porque toda la casa de Israel es dura de frente y obstinada de corazón» (Ezeq. 3:7).

Pero el colmo de los colmos fue el rechazo del evangelio que por siglos había sido elaborado como el remedio. Cuando Simeón tomó en sus brazos a Jesús, dijo a José y María que el niño sería puesto para caída y levantamiento de muchos en Israel, que a través de él serían revelados los pensamientos de muchos corazones. La luz preparada para derretir su corazón como la cera, los endureció más, como sucede con el barro. Dios juzgó su dureza, pues cuando el enfermo rechaza la medicina, como si fuera veneno, merece la muerte (1 Tes. 2:16).

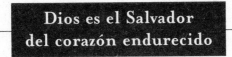

Dios es el Salvador del corazón endurecido

La gloria de la salvación no consiste en un perdón legal, sino principalmente en un trasplante divino de corazón. La historia de la salvación antes de ser la historia de la justificación es la de la santificación, pues una vez en la gloria la culpa será solo un recuerdo; el gozo cotidiano vendrá del palpitar de un corazón sin el más minúsculo apetito por el pecado o la más mínima lucha por la santidad. Dios habrá terminado lo que comenzó en la regeneración y la santidad será el pulso normal y constante de nuestro corazón por toda la eternidad. ¡Aleluya!

Por eso debemos sentirnos como los más afortunados del mundo, pues por razones solo conocidas por Dios no nos abandonó a la dureza de nuestro corazón; antes bien, intervino quitando de nuestra carne el corazón de piedra para darnos el de carne.

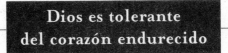

Dios es tolerante del corazón endurecido

Sería fácil pensar que el tema de la dureza del corazón solo describe al mundo en general y a los apóstatas como Israel, y que del lado del pueblo de Dios y de la iglesia solo se encuentra blandura. Pero también entre los creyentes del nuevo pacto se hallan alusiones a la dureza del corazón.

La razón es que el endurecimiento no es un término técnico utilizado de la misma forma en que hablamos de creyente o inconverso, salvo o no salvo. Se parece más al término «pecado». El término pecador puede utilizarse para creyentes e inconversos.

Escuchamos al pastor decir desde el púlpito: somos tentados porque somos pecadores. Pero también sabe referirse a los inconversos como «los pecadores». La razón es que el creyente en cierta medida peca.

Así es también con la dureza. El inconverso se caracteriza por la dureza del corazón de forma absoluta, mientras que en la vida del creyente palpita el pulso de un corazón regenerado, con algunas zonas todavía escleróticas, parcialmente resistentes a la voluntad de Dios.

El caso de Moisés nos sirve de ilustración. Dios lo llamó a ser su locutor frente a Faraón y aunque Dios le prometió que estaría con sus labios consideró el llamado demasiado para él, y aunque causó enojo a Dios al no bastarle su promesa, Dios le hizo una concesión: que su hermano, que hablaba bien, fuera su locutor.

Así también tenemos a Jesús consciente de que sus mismos discípulos en ocasiones no entendían sus palabras: «... por cuanto estaban endurecidos sus corazones» (Mar. 6:52), y nuevamente: «¿Qué discutís, porque no tenéis pan? ¿No entendéis ni comprendéis? ¿Aún tenéis endurecido vuestro corazón?» (Mar. 8:17). Asimismo, durante el trayecto a Emaús con los discípulos, Jesús los reprende por su dureza: «¡Oh insensatos, y tardos de corazón para creer todo lo que los profetas han dicho!» (Luc. 24:25).

En todas estas interacciones Jesús, aunque no los expulsó ni disciplinó, reprochó su dureza. De este lado de la gloria, no hay creyente libre de episodios de dureza de corazón dignos de reprensión, como repetidas veces el escritor de Hebreos lo hace en su epístola (Heb. 3:8, 3:15, 4:7).

La dureza de corazón entre creyentes es una realidad que debe abordarse con sabiduría. En la ley civil de Israel, Dios tuvo concesiones para el pueblo en relación con la dureza de corazón.

Ante la multitud de fracasos matrimoniales en los que la mujer llevaba las de perder, Moisés permitió la carta de divorcio con la cual el varón no podía reclamar a su exesposa a su antojo, ni la mujer quedaba sin futuro al no poder casarse y rehacer su vida. El punto es que hay situaciones que, ante un corazón obstinado y empedernido, requieren concesiones personales o situacionales para prevenir peores repercusiones.

Esta situación no solo se daba en el pueblo de Dios del Antiguo Testamento; continúa aún después de la llegada del Espíritu en Pentecostés. En la epístola de Efesios Pablo exhorta a los creyentes, quienes han sido sellados con el Espíritu de la promesa, a no actuar conforme a la dureza de corazón que caracteriza la vida de los gentiles (Ef. 4:18). Con todo, cada creyente tiene áreas de deficiencia espiritual; no estamos hablando de áreas en donde solo se encuentra la desobediencia, sino áreas en las que su obediencia es limitada. Estas son áreas de dureza que se deben manejar con sabiduría.

Pablo trata con tales situaciones. Cuando escribe a los corintios acerca del problema de la fornicación, exhorta a los matrimonios a no negarse el uno al otro. Es decir, habrá episodios de intimidad que son movidos por la necesidad del desahogo sexual, pues la dureza del corazón impide que esta sea siempre motivada por la comunión amorosa con el cónyuge. La dureza del corazón merma el ideal matrimonial; la alternativa es una peor: tentación al adulterio.

Habrá toda clase de situaciones en las que se hagan concesiones para los límites a la obediencia causados por la dureza del corazón. En la iglesia, se han dado casos de adulterio dentro de la misma asamblea, y aun cuando se cuenta con el arrepentimiento y el perdón del cónyuge transgredido, lo más probable es que la restauración matrimonial requerirá que la pareja haga su vida en otra iglesia, pues la dureza de corazón puede causar una situación que promueva toda clase de choques emocionales innecesarios que impidan la cicatrización del matrimonio.

La teología del corazón y las grandes lecciones

¿QUÉ PUEDES SACAR DE ESTE libro? ¿De qué forma debe cambiarte esta lectura? Debe producir una renovación del entendimiento que cambie tu forma de mirar la vida y de mirarte a ti mismo. No se trata de un cambio psicológico o filosófico, sino de la realización de una nueva facultad: la de la óptica divina para poder ver las cosas como Dios las ve y para observarte a través de Sus ojos. Esto requerirá por lo menos tres grandes lecciones.

Primera lección

Primero, dejarás de considerar a tu corazón como una de muchas facultades de tu interior y comenzarás a verlo como aquello que abarca a todas. Como un cuerpo con muchos miembros, todos ellos jugando un papel importante, ninguno de ellos independiente del resto. Evitarás sobreenfatizar un aspecto de tu hombre interior a expensas de otros.

Puede ser que te veas como una persona práctica, que lo que consideras importante son las acciones que tomas; es decir, la voluntad de tus actos. O como una persona emotiva para quien los sentimientos reinan supremos, y para quien la dirección diaria solo requiere consultar la brújula de sus emociones. Es decir, que cuando es tiempo de tomar una decisión lo que preguntas es cómo te sientes al respecto. O tal vez seas un cerebrito que, como los griegos de antaño, exaltas a la razón y el conocimiento es tu único alimento, y la lógica, tu guía diaria.

Al comprender la teología del corazón no deberás abordar la vida conforme a estas inclinaciones aisladas, porque habrás comprendido que el corazón las incluye a todas, y que cada una de las facultades internas, en menor o mayor forma, participan en el proceso de aprehensión, comprensión y decisión. Y que todas ellas se verán afectadas por sus consecuencias.

Así que, si los actos de mi voluntad son inconsistentes, causarán desequilibrio en las emociones, nublarán la mente y cauterizarán zonas de la conciencia. O, si vivo por los impulsos de mis emociones, seré un hombre de doble ánimo inconstante en todos mis caminos. O si existe un divorcio entre mi mente y la voluntad, no importa cuánta ortodoxia albergue en mi pensamiento, carecerá de la ortopráctica correspondiente. O si mi voluntad produce una obediencia perfecta, pero vive separada de las intenciones del corazón, mis obras serán buenas pero muertas, como un cadáver bellamente maquillado.

Para que el cuerpo goce de salud cada órgano debe estar sano y debe relacionarse equilibradamente con los otros. La salud del corazón depende del armonioso y saludable funcionamiento de todas las facultades del hombre interior.

Segunda lección

Debes también considerar el lugar prioritario de la conciencia. Esta facultad ha sido arrinconada cuando no amordazada por el mundo y en particular por la sociedad contemporánea, pero en la teología del corazón ocupa un lugar central.

La conciencia no se puede ignorar, desocupar o dejar descompuesta. Es el nervio central de la imagen de Dios en nosotros. Cada pensamiento que edifica a la conciencia sensibiliza e infunde paz al corazón.

La mente no es una zona franca a donde puede entrar cualquier pensamiento o elaborar cualquier ideología o fabricar cualquier imaginación. Si has entendido la enseñanza de este libro, no debes adoptar la moda de tener «una mente abierta» a cualquier cosa.

No puedes dejar que entre todo lo que escuchas en la televisión o se expresa en las redes sociales. Debes apostar la conciencia como el inspector y juez que escudriñe cada pensamiento. Debe ser el centinela en la entrada de tu mente que abra las puertas a toda aquella información edificante, y se rehúse a dar la bienvenida a aquellas ideas contrarias a la palabra de Dios cuyo potencial cauteriza la conciencia y, por ende, endurece el corazón.

¡Atención, padres de familia! Cada vez abundan más escuelas que han usurpado la responsabilidad de los padres acerca de la enseñanza sexual de sus hijos. La filosofía de la educación pública es educar la mente mientras se ignora la conciencia. Jesús, dirigiéndose a Sus discípulos, les dijo: «Aún tengo muchas cosas que deciros, pero ahora no las podéis sobrellevar» (Juan 16:12).

Los niños no pueden sobrellevar todo a una edad temprana y la meta de los padres no debe ser la saturación de su mente. Deben inculcar la mente con información a la medida de la madurez del corazón para que el efecto de esa información sea la construcción y no la destrucción de sus vidas. La educación no debe tener la misma meta que Google: el arrojar como un hidrante toda información indiscriminadamente.

La mente y la conciencia no operan independientes. Y lo mismo se aplica a nuestros actos, emociones, intenciones y actitudes; cada brote de estas debe edificar la conciencia pues esta es el nervio de la obediencia. Si la conciencia se cauteriza, se pierde su sensibilidad para detectar situaciones pecaminosas y pierde su voz de mando para movilizar las facultades del corazón a la obediencia.

Tercera lección

Finalmente, considera la prioridad de desarrollar una ágil sincronización entre la conciencia y el resto de las facultades del hombre interior. El Señor dijo en Isaías 66:2: «Mi mano hizo todas estas cosas, y así todas estas cosas fueron, dice Jehová; pero miraré a aquel que es pobre y humilde de espíritu, y **que tiembla a mi palabra**» (énfasis añadido). A Dios le interesa la **obediencia de rápido reflejo** y en especial una **obediencia completa**.

La conciencia tiene la función de proclamar la ley de Dios en la cámara de nuestro hombre interior, para que con la misma agilidad cada acto de voluntad obedezca Su llamado, cada pasión reencuentre el orden bíblico y cada móvil del corazón se alinee a la gloria de Dios. Pero las señales del nervio motor no corren con la misma libertad por cada pasillo del corazón porque algunos encuentran obstáculos que atrofian su desempeño.

En la congregación que pastoreaba, había un hombre que se apasionaba con cada predicación de la palabra. Era formidable la forma en que escuchaba el sermón, nunca se dormía, agradecía con entusiasmo a flor de piel cada predicación. Pero ni su esposa ni sus empleados veían el contenido de la predicación traducirse a la más mínima práctica. Uno por uno, sus empleados dejaron de asistir a la iglesia. Sus emociones estaban bien conectadas a su conciencia, pero el nervio de su voluntad estaba atrofiado.

Existen otros que practican y practican, pero su mente subsiste con un mínimo de conocimiento bíblico. Crecieron en una familia cristiana, aprendieron las actuaciones cristianas, así como una mascota es adiestrada para hacer movimientos sin comprenderlos. Sin embargo, la vida cristiana no es una moralidad hueca lograda a fuerza de voluntad, sino una intervención espiritual en el corazón. Tanto aquel que vino de un edén cristiano como el que surgió de un mundo cenagoso necesitan nacer de nuevo y renovar su mente para superar la moralidad de su crianza y desarrollar la facultad del entendimiento en su corazón.

Y, por supuesto, no faltan aquellos que consideran que la espiritualidad es equivalente al conocimiento doctrinal y se concentran en acumular más y más doctrina a expensas de la práctica.

Conozco por lo menos a dos autores cristianos respetados que en la última etapa de sus vidas dejaron de asistir a la iglesia. Sin duda continuaban mostrando suficientes frutos de salvación, pero de manera contraria a la Escritura dejaron de congregarse para adorar a Dios públicamente y tener comunión con sus hermanos (Heb. 10:22-25). Ante otros cristianos, lucían como gigantes por su conocimiento, pero en realidad tenían un corazón con un desarrollo de facultades desigual.

En suma, una teología correcta del corazón nos conduce a que cada una de sus facultades se desarrolle de manera uniforme y ninguna quede subdesarrollada o atrofiada. La meta es que todas puedan responder al impulso divino de la conciencia al unísono.

Conclusión

«... **NO HAY FIN DE** hacer muchos libros...» (Ecl. 12:12). Y, asimismo, sobran los libros leídos y olvidados. Sin embargo, de los pocos libros que recordamos al mirar la repisa de nuestra biblioteca, algunos se convierten en selectos y son adoptados como un manual de vida, como referencia de consulta habitual por contener verdades trascendentales: vitales para esta vida y para la eternidad.

Poco importa que te olvides del autor, pero no del contenido de este libro. Pues en el día que estés delante de Dios descubrirás que lo que ha de determinar tu lugar en la eternidad está ligado a tu corazón.

Para comenzar, es con el corazón que creemos para justificación (Rom. 10:10). Y en el día del juicio, cuando Dios separe las ovejas de los cabritos, mirará primero el corazón; las obras no serán juzgadas en su apariencia, sino al desnudo. Dios revelará los secretos de los hombres (Rom. 2:16).[1]

Para el cristiano no es diferente: las recompensas de los santos no se distribuirán conforme al número de buenas obras a secas, sino conforme al corazón que las acompañó; aquel que sabe

---

1 La implicación clara en el contexto es que Dios mostrará la ley inscrita en los corazones y las violaciones registradas en estos.

escudriñar el corazón infinitamente más que Salomón sacará a la luz tanto los buenos como los malos móviles asociados a cada acto. No se puede enfatizar demasiado que nuestro verdadero aspecto no es el externo sino el de nuestro corazón. La biografía espiritual de cada uno de nosotros es parecida a la novela del retrato de Dorian Gray. La pintura de Dorian lucía una lozana y bella juventud, pero a medida que su vida se descarriaba y que cometía peores pecados, aunque su aspecto se conservaba igual, la imagen decaía y el retrato empeoraba, aunque nadie veía la pintura, pues la tenía oculta en su habitación. Pero llegó el día cuando los papeles se invirtieron, el aspecto decadente de su retrato fue finalmente traspuesto a su rostro, la lozanía de su aspecto se tornó sumamente repulsiva.

Este símil bien ilustra la historia de cada hombre. Habrá hombres de espléndido aspecto moral, pero con corazón monstruoso. Que daban una buena apariencia, lucían respetables en la iglesia, pero que, por debajo de todo el maquillaje religioso, su corazón permanecía siendo de piedra. Cristo revelará su identidad impostora y su despreciable aspecto.

Pero en cuanto al creyente, los hijos del reino reflejarán Su gloria por igual (1 Jn. 3:2-3). Pero no todos recibirán una recompensa por igual, ni tendrán el mismo posicionamiento de servicio en el reino eterno de su Señor. El factor determinante se halla en nuestro corazón. En este se encuentra el auténtico retrato de nuestra santificación y la medida de nuestra recompensa. ¿Cuántas no serán las sorpresas en aquel día? Habrá aquellos que lucieron bien en la iglesia, pero cuando Dios destape el rostro de su corazón, aunque hayan sido salvos como por fuego, quedarán muy rezagados en recompensas.

Mi oración es, primero, que tú seas contado entre los hijos de gloria. Es decir, que la gracia de la salvación y el Espíritu Santo te hayan librado del engaño de tu corazón. Pero, también, que cuando Cristo destape el rostro de tu corazón regenerado, se encuentre una notoria y no una mediocre santificación que abra una amplia entrada al reino y otorgue una rica recompensa. De ahí que no olvides guardar en lo más profundo de tu corazón el lema de este libro:

«Sobre toda cosa guardada, guarda tu corazón; porque de él mana la vida». Proverbios 4:23.